„DER WANDERER"

oder

Maria Magdalena auf den Fersen

DONEGEL SMITH

„DER WANDERER"

oder

Maria Magdalena auf den Fersen

Herstellung und Verlag:
BoD - Books on Demand, Norderstedt
ISBN 978-3-7386-1987-4

ER wandelte über die Erde.

Noch war von seiner Herrlichkeit und Kraft nichts zu spüren.

Keiner konnte erahnen, wie ein Geist durch Feuer & Seele in der Lage wäre, die Welt nachhaltig zu verändern.

Doch fangen wir am Anfang dieser Geschichte an.

Seine Geschichte ist allzeit bekannt. Millionen haben sie schon gelesen. Millionen Menschen haben sich auf die Zusagen, welche von ihr ausgingen verlassen und glaubten an eine bessere Zukunft. Noch heute ist es so, dass der Geist des Jahres Null uns in keiner Weise in Ruhe lässt. Warum ist dies so?

In der Zusage die vor 2000 Jahren zu uns gesprochen wurde, liegt eine tiefe Zuversicht. Die Zuversicht nicht allein zu sein, egal in welcher miesen Lage wir uns auch befinden.

Doch schon jetzt zeigt sich der Irrtum, dem wir Menschen unser ganzes Leben lang unterliegen. Wir als Menschen wollen, auch einmal derjenige sein, dem die ganze Aufmerksamkeit gehört.

Umworben, umsorgt, behütet und gepflegt wollen wir unser Leben genießen. Ergebnis ist, wir kommen nicht vom Fleck.

Irgendwo ist eine Blockade in unser Leben und Denken getreten.

Wir möchten verzweifeln. Wir möchten unseren Kopf gegen die Wand schlagen und uns fragen, warum wir das Leben nicht so leben können, wie wir es wollen.

Liegt es am Geld? Liegt es an der Arbeit? Liegt es an der Frau und der Familie? Liegt es an der Position in der Firma?

NEIN, wahrscheinlich liegt es daran, dass wir den Glauben verloren haben an unsere eigenen, individuellen Fähigkeiten.

Wenn wir uns das Leben diktieren lassen, werden wir auch das Leben - leben, welches die anderen wollen, dass wir es so leben.

Eine einfache Frage?
Sie sind jung, hübsch, dynamisch, attraktiv.
Doch den Berufs- und Lebensweg, den Sie gerne gehen wollten, hat es in ihrem Leben nicht gegeben. Ihre Ziele und Wünsche stehen nicht im Einklang mit den tatsächlichen Bestimmungen für ihr Leben. Ist das ein Widerspruch? Nein, es ist die unsichtbare Kraft, die uns lenkt und uns den Weg vorgezeichnet hat, welchen wir in der Lage sind auch zu gehen. Was nützt es uns, wenn wir den „sogenannten Traumposten" im Unternehmen haben, aber vor lauter Stress fallen wir mit 50 vom Schlag getroffen tot um. Was hat die hohe Position dann gebracht, wenn wir die Kinder und Enkel nicht mehr auf dem Schoß schaukeln können?

Was bringt mir der Porsche Panamera Turbo in der Garage, wenn das Auto mich bei jeder Fahrt fast umbringt. Weil der Geist dieses Fahrzeug zu fahren, nicht meiner Persönlichkeit entspricht.

Von außen sehen andere Menschen mich in dem Porsche und denken – oha. Der hat es geschafft. Blöd ist dabei – Porsche nur geliehen. *ER* hat schon vor 2000 Jahren den Menschen den Rat gegeben, sich nicht zu verbiegen. Doch wann fange ich an, mich zu verbiegen? Verbiegen tue ich mich, wenn ich jemand sein will, der ich gar nicht bin. Es ist ein schwieriger Weg, den richtigen Weg zu gehen. Brauche ich Millionen, wenn ich es nicht verstehe, mit wenig Geld ein gutes Leben zu leben?

Jeder muss sich „seiner" Größe erst bewusst werden, damit das Leben zu ihm kommen kann, dass für ihn bestimmt ist. Was ist damit gemeint? Viele Menschen wollen den Traumberuf ausüben den sie eigentlich gar nicht verstehen oder kennen. Mit dem Einkommen aus dieser Tätigkeit, glauben sie dann die Welt liegt ihnen zu Füßen und der Rest der Welt verneigt sich vor ihnen. Fast wie bei einem Scheich, einem Bankdirektor, einem V.I.P. Menschen.

Doch das Glück, die Freude am Leben, die pure Lust zu leben geht den Menschen verloren, weil sie nun nur noch dieser Rolle

des „Möchtegern – Menschen" entsprechen müssen. Sie selbst
haben sich im großen Meer der Menschenhaie verloren.
Springen wir kurz in unser Leben hinein.

Heute haben wir die moderne Technik. Alles scheint möglich.
Doch auf 2/3 dieser Welt haben sie von Handy`s oder Tablets,
oder Laptops noch nichts gehört oder gesehen. Die Menschen
leben eher wie vor 250 Jahren. Näher sind sie der Natur allemal.
Leider sind sie aber auch geistig (dem Naturgeist) hinterher,
dass sie ihre eigene Natur nicht verstehen können. Der Fisch der
gefangen wurde - war der **Letzte** seiner Art. Kann doch gar nicht
sein. Irgendwoher muss doch noch der Zweite herkommen.
Verstehen wir nicht. Naturverbunden und nah – ja. An
Bildungsweiten dieser WELT – nein.

ER wandelt vor uns her.

Viele Menschen haben ihren Weg verloren. Macht und Konsum
haben sie in die Enge und die Süchte dieser Welt getrieben.

Viele haben sich verlaufen und verirrt. Manche schaffen mit
Hilfe den Weg wieder aus dem finsteren Dunkel. Doch hat sich
der Geist in ihrem Innersten so verändert, dass sie dem neuen
Zeitgeist nicht mehr folgen können. Da wollen wir sie nicht
verurteilen. Leider kann der morgige Tag der sein, an dem Du
selbst gefangen bist im Irrgarten des Lebens.

VORSICHT mit dem beurteilen anderer Menschen!!!

ICH BIN – ist ein wertfreier Zustand des Glückes und des Erfolges. ICH BIN – DER ICH BIN. Das ist die Richtung der Nachfolge zu dem Menschen hin, der vor 2000 Jahren sprach:

„FOLGE MIR NACH!" Nun sind wir vielleicht keine der 12 Apostel - Verräter an unseren Mitmenschen sind wir oft allemal.

Um den besseren Platz, den besseren Verdienst, die bessere Chance. Vergessen wir nur die Mitmenschen nicht. Das ist nicht Schwäche, sondern das ist die absolute Stärke unseres, inneren SEINS.

Vor 2000 Jahren gab es ein Weib. Nennen wir sie beim Namen. Maria Magdalena. Eine Hure? Eine leichtlebige, dumme Frau? Nein – ich glaube sie war die einzig wahre FRAU auf dieser Erde seit Anbeginn an. Denn sie hat den „WANDERER" erkannt der **ER** war und bleibt. Die reine Kraft mentalen Geistes.
Davon sind die Feministinnen, die Obrigkeiten, Politiker und Menschen mit großen Aufgaben weiter davon entfernt - als je zuvor.

Verblödung im Geiste – führt auch zu einer Art Blindheit.
Was nützt es, wenn ich den Spieß im Auge des Anderen sehe, den Balken im eigenen Auge merke ich nicht!!! Typisch!

Glauben wir der Geschichte der Menschheit, dann könnte man die Menschen aufgeben, da sie immer und immer wieder den gleichen Fehler machen. Aber „DER WANDERER" in seiner unermesslichen Weisheit, sagte uns zu: „Ich bin bei Euch bis an der Welt Ende!" Leider hat er sich sicher auch gedacht, ob die das je auf die Reihe kriegen meine Gedanken in die Realität zu übertragen? Sehen Sie es? Das kleine Fragezeichen?

Ein verbogener Strich mit einem Punkt unten dran.
Und doch der Lebensinhalt vieler Menschen. Wer bin ich? Was will ich? Wo geht der Weg hin? Mache ich alles falsch oder richtig?

Ein ganzes Leben voller Fragezeichen, so dass kein Platz mehr bleibt, um das Leben in Angriff zu nehmen. Schon sind wir wieder bei Maria Magdalena. Sie war vielleicht keine Heilige. Vielleicht hat sie aber durch die körperliche Liebe, die sie versucht hat zu geben, menschliche Katastrophen verhindert. Auch damals waren die Männer nicht sehr sorgsam im Umgang mit dem weiblichen Geschlecht. DIE FRAU SCHENKT LEBEN. Doch hat sie durch die Begegnung mit „IHM" dem absoluten, reinen, mentalen Geist es geschafft, ihr Leben voll zu verändern und in den Dienst der Menschen zu stellen. Verlangen sie dies einmal von einem Menschen – Frau oder Mann – unserer Zeit!

DIE FRAU SCHENKT DER ERDE ERST DAS LEBEN!

Unter diesem Aspekt sollten die Männer dieser Welt einmal ihr Handeln überdenken. Die Söhne denen sie bei der Geburt die Welt zu Füßen legen wollen, gerade in der muslimischen Welt, werden durch das Wunder der FRAU in ihrem Leib erst möglich. Der kurze Akt des Mannes ist genauso unbedeutend, wie der Mann, welcher sich auf seinem MATCHOTUM ausruht.

Wichtig ist es jetzt, dem kleinen Wurm das Handwerkszeug zu einem Menschen mit wahrer Größe an die Hand zu geben. Ob nun in Indien im Kastendenken, ob nun in China durch politisch, geistige Irreführung, ob in der arabischen Welt. Da wollen die Männer die reine Kraft des Glaubens an MOHAMMED den Propheten darstellen und vertreten, dabei fehlt ihnen selbst die Größe, die Weisheit, die geistige Erkenntnis ihres eigenen Seins!!!

Es braucht nicht das Kalifat auf dieser Welt. Es braucht die LIEBE zu allen Menschen auf diesem, unserem einzigen Planeten. Keiner hat die Chance einen neuen Planeten zu bewohnen. Auch diese verirrten Schafe der „verschiedenen Glaubensrichtungen und Armeen des Glaubens " sind doch nicht die Lösung dieser Welt. Gern möchten sie der ganzen Welt diktieren, wie sie zu leben haben und am besten, dass alle für die wenigen „Anführer" schuften.

Dabei haben die verirrten Wüstensöhne irgendwie den Anschein, als wäre der Sand der Wüste in die falschen Gehirnwindungen eingedrungen. Das kann Kopfschmerzen bereiten. Wozu braucht Liebe zu den Menschen ein Kalifat? Nur um als Minderheit – einer Mehrheit das Leben vorzuschreiben? Dazu waren schon andere Diktatoren nicht in der Lage den freien Geist zu begrenzen. Man kann doch auch nicht die Menschen sterben lassen, töten, wegsperren. Bloß das der freie Geist des Menschen sich einem Einheitsgedanken unterordnet. Und die 75 Jungfrauen ihr Helden des Alltags, warten auf Mörder und Strauchdiebe vor dem Herrn garantiert nicht! Was soll die Jungfrau auch anfangen, mit einem zerfetzten, zerstückelten, zerbombten Körper? Soll sie sich das beste Glied aus den Trümmern einer Seele erst mal zusammensuchen? Soweit reicht eben der verwirrte Geist der „Gläubigen" nicht mehr – oder ist das schon geistige Impotenz?

An der Größe der Propheten dieser Welt, auch in der Vergangenheit, ist in keiner Weise zu rütteln. Ihre „Heiligen Verdienste" um das Wohl der Menschen allein, ist von unvorstellbarer Kraft. Niemals waren SIE größer und reiner.

Nur die Nachfolger haben den Stoff der LIEBE noch nicht in sich integriert. Das kann noch dauern. Bis dahin werden noch viele Menschen diesen Irrlichtern des Glaubens auf den Leim gehen.

Doch haben wir schon wieder den Faden zu der lieben Frau Maria Magdalena fast verloren. Die Menschen dieser Erde suchen die LIEBE. Wenn sie nicht zu Hause zu finden ist, dann wird halt dahin gegangen, wo die LIEBE wohnt.

Freudenhaus, Puff, Etablissement für Reiche, wir können es nennen wie wir wollen, der Ort der Liebe bleibt der Ort der Liebe. Oder wo Liebe weitergegeben wird, kann sich die Hand gegen niemand Frau – Mann – Kind – Schwachen erheben.
Ist also der Puff, das Freudenhaus nicht im wahrsten Sinne der Ort des puren Lebens.

Maria Magdalena – Hure, Prostituierte, Leichtlebige oder ein Weib das erkannt hat, welche Macht in ihm steckt.
Auf jeden Fall aber ist sie ein Weib ohne Sünde geworden, nur durch den Geist des Herrn der mit Ihr wandelte. Sie wandelte in der Finsternis ihrer Seele. Doch er befreite sie daraus. Nun kann sie strahlend an seiner Seite ruhen und sich dem Leben – IHM - hingeben.
 Wie schön wäre es doch, wenn wir erkennen können, dass unser Konto nicht zu buchbar ist. Das Zeitkontingent ist uns

vorausbestimmt. Wir müssen lernen dem wilden Geist zu folgen, der die Welt geschaffen hat. Als Mensch sind wir zu klein, die Welt- und Urgewalten zu beherrschen. Mit der Zeit und wachsendem Verstand lernen und lernten wir, dass es Möglichkeiten gibt den Katastrophen vorzubeugen oder sie einzudämmen.

Ist es aber schon geschehen, wie gerade jetzt im Nepal erkennen wir unsere kleine Größe. Die Kontinente rasen auf einander zu. Aufbäumend türmt sich die Welt und die Menschen stehen vor den Trümmern ihres ach so großen Wollens.

Ich erwähnte ja schon vor ein paar Seiten, dass die Frauen und Mütter dieser Welt das Leben in Form von Kindern schenken. Müssten die Männer die Kinder bekommen, so sagt die Wissenschaft, dann wäre die Menschheit schon längst ausgestorben.

Gegen das Lachen und Vergessen der Tatsachen unseres menschlichen Fortbestandes ist dieser Aufruf des Denkens zu verstehen. Es wirkt hier der reine – mentale Geist!

Hoffen wir mit unserem eigenen Handeln an den Menschen mit dazu beizutragen, dass die Verdummung der deutschen Bevölkerung nicht weiter mit Verblödung der Sinne einhergeht.

Unsere Regierung will uns weismachen, wir brauchen
Einwanderung, um das soziale Netzwerk der Kassen von 1951
aufrecht zu erhalten. Ja es bleibt wichtig. Aber wir haben
Menschen die hier geboren sind. Auf diesem deutschen Boden.
Auch sie wollen ihre Chance und nicht die Ausreden. Es geht
doch nur um die billigen Arbeitskräfte. Gewinnspanne erzielt
und die Jahresboni von 80.000 € auf das Konto der ach so
intelligenten Manager.

Wäre es nicht vielmehr Zeit, die Bundesrepublik den
Bedürfnissen des Jahres 2015 anzupassen?
Doch die gute, fette und träge Lebensweise unserer Politiker
haben den Denk- und Handelsprozess ihres Seins stark reduziert.

Wir brauchen nicht Zuwanderung in dem Sinne immer mehr
Menschen arbeiten für immer weniger Geld, sondern die
Menschen brauchen für ihre Arbeit ein vernünftiges
Einkommen. Mit Perspektive und Wohlstand.
Vorstandsvorsitzende ersticken in ihrem hochnäsigen Gehalt.
Der Porsche vor der Tür, das Haus am See, das Konto in der
Schweiz. Alle anderen versuchten mit Abschreiben, abgucken
und sonstigen Betrügereien ihre wahre Leistung an die
Oberfläche der Wahrheit zu zerren.

Kommen dann noch die falschen Doktorarbeiten dazu, dann
fragt sich der noch junge Mensch heute, ob Ehrlichkeit und Fleiß
nicht gestorbene Relikte einer längst vergangenen Epoche
deutscher Kultur geworden sind.

Es ist bestimmt nicht verkehrt, heute wieder sich dem Reim von
Goethe zu widmen. Sein Paarreim hat in seinem Strom der
Energie uns heute noch viel zu sagen. Dieser Rhythmus ist es
gerade, der an den Schulen den Forschergeist wieder weckt.
Alexander von Humboldt wäre stolz, wenn der ganze Sinn der in
den Universitäten steckte, den Drang zum Entdecken wieder in
den Herzen auflodern lassen würde.

Es gibt viel zu beobachten.
Schon die Menschen sind ein Grund, auf sie ein Auge zu werfen.
Wie verhalten sich 4 Menschen auf einem Fleck unter dem
Aspekt des – Größer – Weiter – Höher – Ach was bin ich für ein
toller Typ –Gedanken?
Ich behaupte so schnell wir uns nicht umdrehen, werden die
Hyänen des Alltags wieder und wieder ihre Arroganz in die
Waagschale der Gesellschaft werfen. Wall Street – ist nicht nur
der Kinogedanke. Wall Street – ist in uns allen drin, die mit dem
was sie haben nicht zufrieden leben können. Die Raffkompanie
ist wieder unterwegs. Mehr, Mehr, Mehr und dann haben sie
das letzte Hemd an. Weiß, lang, ohne eine Tasche in der sie

ihren angehäuften Reichtum mitnehmen könnten. In der
Verbrennung schmilzt am Ende noch der goldene Knopf vom
Hemdskragen. Die Angestellten werden sich freuen, wieder ein
Nugget gefunden zu haben. Etwas Ebenezer Scrooge ist doch in
jedem von uns angelegt. Lieber Geiz und geizig. Mahlzeit du
deutsches einiges Vaterland!

Leonardo da Vinci hat die Heilige Frau in Form der Mona Lisa mit
einem „heiligen" Lächeln für immer unsterblich gemacht.
Er war ein Meister der menschlichen Anatomie. Ihm verdanken
wir sogar menschliche Arztbücher. Sein X-Mensch ist heute
eigentlich die vollkommenste Form des Menschen nach Gottes
Bild. Siehe hier bin ICH!

Wenn wir nun noch lernen, mit unsrem eigenen
Selbstbewusstsein so umzugehen, dass es den anderen
Menschen imponiert, weil wir so bodenständig und menschlich
agieren, werden wir in unserem Ansehen steigen. Ohne dass wir
etwas dafür tun müssen. Dieser Weg der Erkenntnis ist schwer
zu verstehen.

In unserem Leben kreuzen sich die Wege mit unterschiedlichen
Menschen und ihren Lebensgeschichten. Wir sind immer – so
sagte es mir eine kluge Frau – miteinander vernetzt.

Unser Tun & Handeln am Menschen bleibt nicht ohne Folgen,
auch wenn wir es mit Gedanken ohne Werke tun. Die reine
Energie unserer Gedanken fliegt auch so um die Welt.
Auch das Netz der Menschen wurde schon in der Bibel vor 2000
Jahren erwähnt. Es betraf den Fischer Simon Petrus der als
Menschenfischer berufen wurde. Er sollte das Netz über den
Menschen knüpfen, um sie zusammen zu halten.

Sind wir heute noch in der Lage alles stehen zu lassen, um einem
Menschen nachzufolgen der zu uns sagt: Folge mir nach?
Was für ein Charisma muss dieser Mensch besitzen, damit die
Menschen sich auf diesen Geist einlassen können?
Ich glaube – in meiner Person – Donegel Smith – bin ich diesem
Menschen schon sehr nahe gewesen. Nicht nur das wir ihn an
jedem Kreuz sehen, nein es ist auch der Gedanke des voran
Gehens, welcher mich immer vorwärts treibt. Ob nun in der
Schreiberei, ob in der Liebe oder der Partnerschaft. Auch
Freundschaft ist eine Energie die nicht zu unterschätzen ist.

Da sind wir wieder bei der Körperlichkeit unseres Seins.
Um 1700 bis 1950 sind die Menschen in die Betten gestiegen,
sofern sie welche hatten und die Tiere nicht sich ihrer
bemächtigt hatten.
In Kleider, Lumpen, Stofffetzen gehüllt versuchten sie die Nacht
zu verbringen. Heute besinnen sich die Menschen wieder

darauf, dass sie nackt zur Welt gekommen sind. In ihrer
Nacktheit erfüllt sich ihr Traum von dem Nahe Sein Jesu Christi
in der Krippe in Betlehem. Bloß auf den Stall können wir heute
verzichten. Diese nackte Nähe lässt uns den lieben Menschen an
der Seite unseres Lebens immer wieder neu erkennen.
Nackt und blind kommt der Wolf unser Beschützer - Freund auf
die Welt. Doch seine Sinne werden immer mehr aufgetan, je
mehr er sich in seiner Größe und Stärke entwickelt. Was für eine
Parallele. Oder ist dies kein Zufall – dass wir uns dieses Tier
ausgesucht haben, um sich bei uns wohl zu fühlen und dass es
uns beschützt?

„Der Wolf"

Der Wolf in Deutschland wieder hier,
der ist verschrien als böses Tier.
Die Augen scheinen niederträchtig,
jedoch von nahem sind sie prächtig.

In seinen Augen ist geschrieben,
die Angst der Jagd übrigblieben,
wie krieg ich nur die „Kleinen" satt,
da es heut Nacht nicht hat geklappt.

Wir sehen in des Wolfes Augen,
die Stärke die wir täglich brauchen,
um zu erkennen jetzt und hier,
der Wolf ist stärker als das - Wir.

Wir sollen uns ein Beispiel nehmen,
ohne zu jammern oder geben,
so zieht der Wolf die Jungen groß,
Ergebnis Rudel ganz famos.

Gestärkt geht nun das Rudel fort,
ist nun geteilt und fort und fort,
die Stärke ist nun doppelt groß,
vereint im „Heulen" nachts zum Trost.

Glauben Sie heute noch an das arme Rotkäppchen?
Als guter Sekt in guter Laune eine gute Idee!

Glauben Sie eigentlich noch an das Märchen vom bösen Wolf? Der arme Kerl hat heute mehr Angst vor uns, als er jemals in seinem langen Erdendasein als Weltbestand gehabt hat. Doch halten wir die Fahne des Ruhmes hoch. Auch in den ach so versnobten USA gab es einen Wolf der besonders war.
„Lobo" war sein Name. Seine Schläue war buchstäblich. Seine Liebe zu seiner Gefährtin hat ihn das Leben gekostet. Der Trapper der IHN tötete, fasste nie mehr einen Wolf an. PARALLELE – der Wächter am Kreuze zu Golgatha musste erst die Naturgewalt des Geistes Jesu am Kreuz spüren, um seine Größe zu erkennen. Auch er ging einen neuen Weg.

Weggehen von dem römischen Besatzungsgedanken.

So ging es dem Trapper mit dem toten Wolf *„LOBO"* - geliebt, gefürchtet und gehasst. Mehr kann man als Wolf nicht mehr erreichen.

Welcher unter den Hunden ist der dem Wolf am nächsten? Der deutsche Schäferhund. Ich würde meinen, dass dieser Hund mehr von einem Wolf in sich trägt, als man von einem Zwerg-pudel erwarten könnte. Seine Fähigkeiten aber sind es eben auch, welche wir für unsere Zwecke brauchen. Beschützer, Wächter, inniger und bester Freund.

Ich kann verstehen, dass viele Menschen sich von ihren
Mitmenschen abwenden und zu den Hunden hinwenden.
Dort erfahren sie keine Enttäuschung und Raffsucht wie es bei
den heutigen, zivilisierten Menschen üblich geworden ist.

Was ist ein zivilisierter Mensch???
Da braucht es schon drei Fragezeichen.
Schönheit erwarten wir heute von jedem unserer Mitmenschen
und Konkurrenten auf diesem unserem Planeten. **Klugheit**
möchte die Frau von dem Mann, welcher sie ehelichen und
lieben und tüchtig hernehmen soll. **Reichtum und Überschwang**
soll der arme Kerl aber schon gleich im Handgepäck mitbringen.
Das Leben will schließlich ohne viel Arbeit gelebt werden. Doch
erst wenn wir selber etwas schaffen, merken wir, dass es etwas
Besonderes ist.
Tausende Schuhe zu besitzen ist vielleicht eine Marotte.
Doch wer macht sie sauber oder ganz, wenn der Riemen
abgeht? Sich etwas leisten können, aus der Arbeit oder dem Tun
heraus ist eine Befriedigung auf höchstem Grad.
Was nützt also der ADONIS der Frau, wenn er von allen Frauen
angehimmelt wird. Gleichzeitig aber vor lauter Schönheit, kann
er seine Socken nicht einmal einweichen oder einer anderen
Sache – wie der freien Liebe nachgehen. Verklemmt vor lauter
Schönheit. So ein Pech.

Wir lieben alle unsere Freiheit - die wir scheinbar haben.
Gönnen wir uns die Zeit, einmal hinzusehen, wie wir unsere
Freiheit wirklich ausnützen. Ist es nicht nur der gleiche Gedanke,
welcher uns schon als Teenager angespornt hat?
Ich will machen was ich will! Ich will zu Bett gehen wann ich will!
Ich will zur Schule oder Lehre gehen wann ich will!
Genau so leben die jungen Menschen mit ihren Gedanken
heute. Doch alles was nicht so denkt wird als spießig oder alt
abgetan. Doch die Erfolge und der Reichtum an Geld, Geist,
Besitz kommt heute bei den **_blöden_** Spießern und nicht bei den
jungen Hüpfern vor. Komisch oder?

In der Frage des mentalen Geistes gibt es keine
Himmelsrichtung. Osten oder Westen ist dem Geist egal.

Wir dagegen in Deutschland sind so bescheuert und dumm,
das „EINIG VATERLAND" immer in zwei Hälften zu denken.
1848 haben sich die Vertreter des Volkes in der Paulskirche zu
Frankfurt am Main versammelt, um unter dem Banner unserer
Farben SCHWARZ – ROT – GOLD das uneinige Volk wieder zu
vereinen.
Mögen die Kommunisten, NAZIS oder REPUBLIKANER auch ihr
Unwesen des unfreien Geistes weiterversuchen. Die Geschichte
des DEUTSCHEN VOLKES ist auch die Geschichte des
Volkes der Dichter und der Denker.

Ich habe Wurzeln – die stammen aus dem Land, von dem schon
Goethe sich Inspiration und Geist erhoffen konnte:
ZITAT FAUST:„Ich bin der Geist der stets verneint, und das mit
Recht.
Denn alles was entsteht – ist Wert das es zugrunde geht!"Ende!
-Oh Doktor Faust in deiner Kammer, war Freiheit und nicht
Katzenjammer - Donegel Smith!

Unsere Bundesländer werden geteilt in „ALT" und „NEU".
Wie kann denn ein Bundesland wie SACHSEN (um 1400) oder
THÜRINGEN (um 531 Königreich) neu sein, wenn die Grenzen in
denen es sich jetzt befindet schon da waren, als unsere
politischen Vaterlandsspalter noch Quark im Handschuhfach
waren? Neben einer schlechten politischen Bildung ihres
eigenen Landes, scheint die politische Führung sich auf das
Nachkriegsdeutschland zu verlassen. Dort sieht die
Vergangenheit der eigenen Familien nicht so trostlos und
ärmlich aus. Als wenn sie auf die Nachfahren als alte, arme
Waldbauern stoßen würden.

Gerade diese vorhin erwähnten Länder S & T bilden das
Rückgrat unserer deutschen Sprache, Lyrik und dem Tenor das
es sich lohnt dem Wort mehr Raum zu geben.
Mitten in Deutschland kam der Luther daher, schrieb und
übersetzte und gab das Startsignal für einen Anstoß des Geistes.

Heute nennen wir es Reformation. Ich nenne es Aufstand des Geistes, um sich zu verbreiten und in die Köpfe aller Menschen einzudringen. Nicht nur den Privilegierten mit Geld.
Es hat sich fast alles wieder in die Zeit von 1531 umgekehrt.
Die Minister halten sich wie Gutsherren, die Staatssekretäre wie Lakaien am Hof, die Nebenminister halten sich für wichtiger als der Papst in Rom. Und der Papst selbst, spricht bei seinen Kardinälen von geistiger Demenz und politischem Alzheimer.

Wie können wir froh sein, dass **ER** dieses Elend nicht so erleben musste. Ich bin davon überzeugt, dass es noch ein bisschen schlimmer werden kann. Doch mit einem Paukenschlag der Erkenntnis muss auch der „scheinbar" Dümmste auf dieser Welt erkennen – ***SO KANN ES NICHT MEHR WEITERGEHEN!!!***

Ein Tsunami beherrschte die Welt 2011.
Beherrschen wir einen Tsunami? NEIN.
Verstehen wir eigentlich die Bedeutung eines Tsunami`s?
Erdplatten heben sich – Wasser fließt nach – Wasser wird wieder mit ***GEIST & ENERGIE*** vorangetrieben.

Scheinbare Zerstörung sucht große Teile der Welt heim.
Doch würde der Mensch etwas lernen, wie das Zusammenarbeiten über einen Planeten hinaus, könnte er aus der Katastrophe der Welt ein Paradies gestalten. Doch der

menschliche Kleingeist der Politik aller Länder und
Wirtschaftsmächte macht diesen Traum kaputt.

„NOLI ME TANGERE" – *Wollest mich nicht berühren!*
TWIN TOWER!
So glaubte die USA stets von sich und ihrem Waffengeschiebe in
die 1., die 2., oder die 3. Welt.
Bis der 11. September 2001 dieser Nation ihre Illusion einer
Unberührbarkeit schmerzlich nahm. Niemand kann mit der
Waffe die Erde überrennen, erobern und hoffen, dass das Öl
unter dem Wüstensand am Ende Europas und Asiens doch nur
für eine USA bereitliegt. Gleichzeitig glauben aber einige
Unholde in ihrer ach so großen MORAL – ihren Töchtern
Verzichtserklärungen über Sex vor der Ehe abnehmen zu
müssen. Hätten sie den „richtigen" Verstand müssten sie sich
vor EKEL ihrer Unmoral über sich selbst übergeben.

Junge Mädchen und Burschen übergeben sich bei zu viel
Alkoholgenuss wenigstens aus gesundheitlichen und
moralischen Gründen. Sie wollen das schlechte Gefühl der
Übelkeit und des Unwohlseins loswerden.
Wie viel arrogante Unmoral muss da der EINE oder ANDERE
schon in sich haben, damit ihm nicht mehr schlecht wird???
Da sind sie wieder – meine lieben 3 Fragezeichen!
Moral?– Anstand? – Sitte?

Bei der Entdeckung Amerikas ist zwar ein Entdecker- und Eroberer Geist mit ausgewandert. Der Geist des Verstandes wurde aber während der Überfahrt – so scheint es – von den Ratten vor der Ankunft gleich mit aufgefressen.

Maria Magdalena – Frau – Vollweib – Eroberin des Herzens Jesu. Förderin des freien Geistes zu der Liebe bei den Menschen. Du kannst es versuchen – DU wirst es nicht schaffen. Dich dem geistigen Erbe Maria Magdalena`s zu entziehen. Nennen wir es Da Vinci Code. Nennen wir es Schoß der heiligen Jungfrau. Nennen wir es Beginn jeden Lebens. Aus einem Dreieck wird der neue Mensch geboren. Eine Rechnung mit Dreiecken und Winkeln beschäftigte Pythagoras. Und die kleine Zahl *PI* ist mit Ihren 3,14831315134579 eine Geistzahl. Ohne die es keine Pyramiden in Ägypten gäbe. Da ist schon wieder die Schleife zum mentalen Geist geknüpft.

Jetzt blüht gerade wieder der Raps in leuchtendem Gelb. Die Bienen fliegen los, um sich mit reichem Nektar einzudecken. Alle Pflanzen sind gerade wieder in einen der größten Schaffensprozesse der Natur eingetreten. Die Grundlagen für eine reiche Ernte sollen geschaffen werden. Doch was hat dies mit dem „Neuen Geist" oder dem „Wanderer" zu tun?

„**ER**" berührte die Fässer mit dem Wasser. Aus dem Quell des Lebens, schuf er den Saft der Reben. Mit der Kraft des Geistes seines Vaters konnte er dieses Wunder vollbringen. Jede Frau vollbringt das Schaffenswunder mit der Geburt eines neuen Erdenmenschen.

„**ER**" berührte die Felder - mit dem Korn - und das Brot stand für 5000 Menschen bereit, die sich dieses Gericht nicht leisten könnten.

„**ER**" berührte auch zu guter Letzt uns und unsere Herzen. Mit der Liebe in unserem Herzen drin, sind wir in der Lage anders zu handeln, als wenn wir uns nur von dem Verstand unseres Kopfes leiten ließen.

Mentaler Geist ist immer schon in uns drin gewesen. Nicht erst jetzt ist er bei uns eingetroffen, nein er war schon in uns angelegt, als wir gezeugt wurden. Heute glauben wir immer noch unsere Erziehung bringt den Menschen hervor, den wir haben wollen. Die Wissenschaft hat bewiesen, mag der Mensch als neugeborenes Kind auch manchmal anders aussehen, als wir es erwartet haben, so ist die Anlage zu seinem Wesen doch schon vorhanden. Der Mensch wird sich in seinem Leben auf den Weg der Erkenntnis machen. Niemand wird ihn aufhalten und niemand wird die Erkenntnis seines SEINS verhindern.

Heute wundern wir uns auf dieser Welt, dass es Menschen gibt, die unsere Vorstellungskraft vom Menschsein in den Geschlechtern „Mann & Frau" sprengen.
Jedes Kind das auf diese Welt kommt, soll so aussehen wie wir es uns wünschen. Rosig mit Locken das Mädel, taff und kernig der Bub. Das Mädel mit einem eindeutigen Geschlecht als Mädel erkennbar und der Bub mit einem „Zipfel" - das der Vater auch weiß, er hat einen Buben zum Sohn.

Nun hat sich aber der liebe Gott gedacht, vielleicht wäre es nicht schlecht? Ein paar der Menschen mit der Mischung beider Geschlechter auszustatten. Dem emotionalen Unterleib des Weibes mit den weiblichen Organen innen und der Kraft mit dem Körper eines muskelbepackten männlichen Leibes außen. Ein griechischer Götterbote seines Leibes der die Herzen der Frauen bewegt und sie in seinen Bann schlägt.

Man nennt dies heute die reinste Lebensform des menschlichen Daseins. Die vollkommenste Reinheit mentalen Wirkens. Ja – sie können auf einer höheren Bewusstseinsebene des menschlichen Denkens handeln und neue Beziehungen schaffen. Ihre Stärke ist nicht die Kraft den Schmiedehammer auf den Amboss nieder sausen zu lassen, sondern ihre Stärke ist die neue Verknüpfung im Denken auf einer der höheren Stufe. Die Menschen, welche sich in ihrer Hütte der Einsamkeit verkrochen haben, aus diesem

Loch heraus zuziehen. Durch konkrete Ansprache sollen die Menschen zum Nachdenken und zum Selbsterkennen animiert werden. Eigenreflexion bringt die Erkenntnis - wie es sein soll und wie man diesen Zustand auch erreichen kann. Doch ist es nicht jedem gegönnt die nächste und höhere Bewusstseinsstufe auch zu erreichen. Es mag grausam klingen, aber der Mensch mit dem höheren Weg ist schon vorbestimmt. Seine Mitmenschen dienen ihm als Spiegel seiner eigenen Entwicklung und führen durch ihr Verhalten zu den gewünschten Entwicklungen des ausgesuchten „Individuums".

WIEVIELE MENSCHEN GLAUBEN AN DEN MENTALEN GEIST?

Wir sind zu einer Menschheit verkommen, welche sich auf die elektronischen Mittel verlässt. Alle Informationen die wir bekommen werden als real und ehrlich aufgenommen. Keiner setzt die Informationsflut der Medien mehr einer gründlichen Prüfung aus. Doch keiner merkt auch mehr, dass er beim Einkaufen schon den Werbungen der Produkte in seinem Kopf folgt. Jeder möchte sich auch nicht für dumm verkaufen lassen. Wir glauben fest an den eigenen Sachverstand und sind doch schon im Blendungsspiel der Marktanalytiker gefangen. Jeder der klugen Leute entwickelt neue Strategien der Werbeflächen.

Wir sind willige Konsumenten mit der Maßgabe immer das Richtige für unsere Familie, Kinder, Nächsten zu erwerben. Schon haben sie uns erwischt. Schon haben sie ihr Spinnennetz zusammen gezogen, um uns zu fangen.

„DER WANDERER" vor 2000 Jahren war unterwegs und viele seiner Mitmenschen hatten die Hoffnung der neuen Zeit. Was ist davon 2015 Jahre später übrig geblieben?

Wir haben verlernt, uns der höheren Macht zu stellen und uns von ihr prüfen zu lassen, ob wir der Aufgabe gewachsen sind, den Weg der Selbsterkenntnis zu gehen. Kinder sind unbefangen und frei von Wertungen. Frei von Wertungen gegenüber anderer Kinder, anderer Erwachsener und anderer Lebewesen. Die Prägung in die Unterteilungen „gut" und „schlecht" bekommen sie von den scheinbar schlauen Erwachsenen.

Was ist Erwachsen? Was ist schlau? Was ist reifer Verstand? Schon haben wir wieder drei Fragezeichen in einer Zeile!!! Hört das denn mit den Fragezeichen unseres Lebens nie mehr auf? IQ ist das was wir uns wünschen. Doch mit dem höheren IQ (Intelligenz-Quotient ab 130 – Melanie Griffith) sind die wenigsten Menschen gesegnet. Wenn die Menschen mehr auf ihren gefühlten IQ im Bauch hören, könnte dies für die

Menschheit der Schritt sein, in eine neue Richtung ihrer Entwicklung zu gehen. Was meine ich damit?

Jeder weiß, dass er zu einer glühenden Ofentüre nicht hin fassen sollte. Jeder weiß, dass er nicht von einem hohen Turm springen sollte, wenn nicht irgendwie mehrere Matratzen den Absprung abfedern. Wir wissen in unserem Inneren das richtige zu tun. Zum Wohle unseres Körpers, zum Wohle unseres Seins, zum Wohle unseres Partners. Zum Andenken unseres Lebensmutes ist uns bewusst, dass wir mit unseren Reserven unseres Körpers und den Möglichkeiten des Leibes haushalten müssen.
Wir sind keine BONOBO – Affen. Wir sind keine Kletterkünstler. Wir müssen uns mit dem zufrieden geben – was uns von der höheren Macht mitgegeben wurde. Der Wanderer hat zu uns gesagt: Wir sind nicht allein! Dann lasst uns gehen in dem Vertrauen, nicht allein von der Klippe des Handelns am Menschen abstürzen zu können. Wenden wir uns zu den Menschen hin. ***Lasst die Kinder zu mir kommen!*** Auch der größte Mensch ist nur ein Kind. Mal mit mehr Höhe und doch nur oft ein Kind im Hirn. Wie weit ist ein gutes Hirn mit hohem IQ gefurcht? Warum viele Furchen im Hirn? Eigentlich ist doch die Antwort ganz einfach! Ein Paragleiter hat eine große Fläche unter der sich die Luft sammeln kann. Damit ist er in der Lage, eine große Höhe und Strecke zu fliegen. Die Leistung ist also bei größerer Fläche größer!

Ein Mikrochip ist heute schon in mehreren Etagen durch Ätzung und Belichtung in der Lage, frühere Chip- Kapazitäten zu ersetzen. Trotz der gleichen Grundfläche wie vor 50 Jahren.
Was ist passiert?

Der Mensch hat sich neue Methoden der Synthese ausgedacht, um die kleinste Fläche mit der größten Kapazität an Rechenleistung zu kombinieren.
Übertragen wir diese faszinierende Möglichkeit auf unser menschliches Gehirn, ergibt sich die Tatsache, dass wir unseren Kopf mit Informationen füttern müssen wie ein Tamagotchi.
Das Ergebnis wird sein – neue Transmitter in unserem Gehirn werden sich verknüpfen, um die Kapazität unserer persönlichen Rechenleistung zu erhöhen und anzupassen.
Werden die Informationen dabei aber einfach, dann schläft der Erweiterungsmodus ein. Die Herausforderung ist der Clou sich weiter zu entwickeln. Der Affe welcher früher im Wald auf dem Baum saß, musste sich im Gras auf die Hinterbeine begeben, um seine neuen Feinde zu erkennen.
Unsere neuen Feinde heißen nicht Löwe, Wolf, Bär oder Schlange – nein unsere neuen Feinde heißen Verdummung, Verniedlichung, Verblödung & gelehrter Irrglaube und stetes Arbeiten mit Sparflamme unseres „mentalen" Geistes.
Leichtes arbeiten der Seelenfänger aus Politik, Wirtschaft und Gesellschaft.

Es ist an der Zeit, sich dem neuen „GEIST" zu ergeben.
Wir wollen doch noch unser persönliches WATERLOO so weit
wie möglich verhindern. Bonaparte hat es uns vorgemacht.
Wenn du größenwahnsinnig dich in einen Krieg auf drei Seiten
einlässt, wirst du deinen persönlichen Untergang erleben.
Kein Raubtier hält sich nicht den Rückweg zu einer letzten Action
frei. Warum kann der einfache Wurm in Form einer Schlange
soweit denken? Doch der Mensch in seinem komplexen
Verstand ist dazu nicht in der Lage. Dies kann doch nur in dem
Irrglauben der menschlichen Überlegenheit seine Ursache
haben.

Die Flut welche der Mensch selber verursachen wird, hat die
Kraft all diese elenden Strukturen von dieser Erde zu tilgen.
Danach wird sich der neue, freie Geist wieder auf dieser Erde
neu entwickeln können. Vielleicht schaffen es einige Menschen
dem neuen Geist als „Wanderer" zu folgen. Nichts aber auch gar
nichts wird dann mehr auf dieser Erde so sein, wie es war.

Die UR-ERDE wird wohl wieder bei der Stunde - Null anfangen
und sich auf eine spannende Zeitreise begeben. Bücher und
überliefertes Wissen aus den alten Tagen des „alten" Menschen
werden dem neuen Menschen helfen, sich in der neuen Welt zu-
recht zu finden. Hoffen wir, dass der Sturm und das Feuer des
„Geistes" der Zerstörung einige, wenige Schriften übrig lässt.

Ich glaube fest daran, dass der „mentale Geist" welcher sich in diesem Buch manifestiert, auch in 100 Jahren noch von den Menschen als Glaubenszeichen gelesen und gewertet wird.
Als Zeichen der Hoffnung geschrieben, dass die Menschheit sich nicht durch Vorschriften von den Wahrheiten dieser Welt abbringen lässt.

Wir – das heißt unsere Menschen auf dieser Erde müssen einen Umdenkprozess starten. Ja – die Menschen auf der europäischen Seite haben das Glück der positiven Entwicklung durchleben können. Rohstoffe, Bildung, Industrialisierung und der Wille seiner Bürger stets sich voran zu bewegen, haben Deutschland im Herzen Europas zu dem starken Flecken Erde werden lassen. Doch auch der Einwanderer muss erkennen, dass die Tauben in diesem Land nicht auf den Bäumen wachsen.
Nein, es hat für alle Menschen mit dem WEG angefangen sich einer Bildungsstruktur zu unterwerfen. Leider.
Leider erst einmal alles lernen, was sich Menschen als Schulplan so überlegt haben. Dann kommen die Noten, welche sich in den 1er Durchschnitten bewegen sollen. **FRAGE**: Wozu brauche ich heute die 4. Wurzel aus der Zahl PI in meinem Wissensschatz, wenn ich mich dafür interessiere, in den Ställen des

Hellabrunner Tierparks bei exotischen Tieren den Mist
wegfahren zu dürfen? Wozu brauche ich die
Quadratwurzel zur Hypotenuse C in den schulrelevanten
Abschlüssen, wenn ich später mich vor allem mit
mathematischen Fotosynthesen des
Silikon Chip Herstellungsverfahrens auskennen will?

Sehen sie - ich brauche diese vorgegeben Erkenntnisse gar nicht.
Ich werde alles was ich in der heutigen Schule lerne zu 90% nicht
mehr hören oder sehen. Die Wirtschaft auch in Deutschland
wird mir keine Ausbildung geben, daraus resultierend werde ich
wahrscheinlich keine Arbeit finden, ich werde zur
Geburtsmaschine eines egomanischen Mannes und zum Schluss
werde ich den Sozialleistungen dieses Staates auf der Tasche
liegen. Dies sind die derzeitigen Aussichten für Menschen in den
ABITURGÄNGEN 2015 die jetzt gerade ihre Prüfungen
absolvieren.

Was haben die Vorstände der großen DAX Unternehmen dieser
Entwicklung entgegenzusetzen? NICHTS!!!
Der Porsche Panamera Turbo sichert Ihnen den Stand eines
unabkömmlichen Egoisten ihres Unternehmens. Ja – du hättest
nur früher auch richtig fleißig sein müssen – taffer sein – mehr
abschreiben und mehr „konsequenter" sein müssen. Dann wärst

du jetzt genau so weit wie **DIE**. Dafür bekommen sie jetzt ihre Gehälter.

Haben Sie als Leser dieses Buches zufällig den „Hart aber Fair" Talk gesehen vom 04.05.2015? DOPPELT FRAGEZEICHEN?

Alles neue Denken mit neuen Lernstrukturen wird auf das schärfste auf die hinteren Schulbänke verbannt. Nichts soll sich im Denken der jungen Menschen ändern. Alles was vor 1950 in diesem Aufbauland als Schulbildung beschlossen wurde, soll auch 2015 noch den Bestand haben. Die Politiker wollen es so. Ehemalige Schullehrer wollen es so. Die Menschen verstehen nicht, dass es sich nicht mit der Schulbildung von 1950 übereinbringen lässt, dass sich diese Erde durch den Wandel von 1989/1990 total geändert hat.

Natürlich gibt es heutige Lernsysteme in den sozialen Netzen. Lehrer – so die alte Meinung – können die Stoffe und die Fragen der Schüler halt besser begleiten, als die sozialen Netzwerke.

Haben die „alten" Denksäcke von Lehrern und Politikern denn vergessen, dass SIE in einem Zeitgeist aufgewachsen sind, in dem sich eine PC – Welt noch gar nicht etablieren hätte können? Langsamer, langsamer Wiederaufbau.

Die Gehirne dieser Menschen sind der derzeitigen Entwicklungs-

Geschwindigkeit der Menschen nicht mehr gewachsen.
NICHT mehr gewachsen sind die „alten" Zeitgeister auch der
„neuen" Möglichkeit des vernetzten Lernens. Heute kannst du
einem 60jährigen Politiker oder Lehrer zuhören, dann merkst du
sofort, dass sich neue Methoden nicht - bis gar nicht in die
Denkstruktur dieser Nachkriegsgenerationen einbringen lässt.

Wikipedia oder das GOOGLE Suchsystem sind heute
Bildungsmöglichkeiten, welche den autark Gedanken des
Selbstlernens in uneingeschränkter Freiheit vorleben.

Da sagte doch gestern so ein ALTLEHRER: Nur der Lehrer mit
seinem Schulenglischsystem könnte sich dem Markt des Sprach-
Englisch in der Schule richtig widmen. Was für eine alte Ansicht.
Lernt denn ein Kind in den Jahren nach der Geburt erst einmal
tausende Vokabeln, um seine Mutter zu verstehen? Oder lernt
das Kind durch Hören und Probieren der Laute die Sprache
seiner Mutter? Wie altdenkend müssen diese Lehrer mit ihrem
Hirn der Zeit hinterher denkend sein? Ich glaube fast, sie sind
diesem 1531 katholischen Zeitgeistdenkens auf den Leim
gegangen. Nur die privilegierten Menschen kamen in den
Genuss einer anderen Bildung!
Wir müssen uns einer neuen Welt anpassen!
Wir müssen uns einer neuen Denkweise anpassen!
Deutschland schon heute hinterher! Platz 21!

Deutschland immer teurer in der Produktion und immer älter
im Denkprozess neuer Möglichkeiten. Warum den freien,
kreativen Schaffensgeist nicht einmal einfach voran gehen
lassen?

Haben da ein paar geistige Irrläufer Angst, dass sie der neuen
Zeit nicht gewachsen sind? Vollkommen zu Recht!
Sie gehören ausgesondert!
Das schafft Platz in den Führungsetagen der Unternehmen.
Das schafft Platz für neue Produktionstechnologien.
Das schafft Platz in neuen Führungsstilen.
Das schafft Platz für eine neue Zeit des kommunikativen
Miteinanders in den Betrieben. Mehr Freude bei der Arbeit und
so mehr Geld im Beutel – daraus folgt mehr Gewinn für alle
Beteiligten in der deutschen Gesellschaft! Ohne nun irgend-
welche neue Menschen hinten runter fallen lassen zu müssen.

DAX Unternehmer – und Führungsspitzel – eure Zeit des
verplemperten Potenzials ist vorbei! Allen Lesern dieses Buches
kann ich nur raten, sich einem neuen Zeitgeist der freien
Technologie zu verschreiben.

Ich meine den neuen Zeitgeist der neuen
Unternehmensführung. Neue Leitungsmodelle mit Menschen
die der Führung von Menschen auch tauglich sind. Ohne Abitur

und Studium, aber dafür mit dem Gespür den Menschen zu
Hochleisstungsideen zu inspirieren. Satte, fette Hosentaschen
haben das DENKEN in den Führungsetagen unmöglich gemacht.
Krähen sondern falsche Krähen in einem Krähengericht aus.
Möge der Aussonderungsprozess in den Etagen bald von statten
gehen. Neuer Platz für neue Leute mit neuen Ideen. Ich bin gern
bereit, den Personen den neuen Weg zu erklären.
Es wundert mich, dass die Blindenband – Hersteller noch keine
Hochkonjunktur an den Wirkmaschinen haben.

Mentaler Geist – unaufhaltsam in den Bestrebungen eine neue,
bessere Zeit zu schaffen – leider nur schwer in die Ebenen des
Schaffens einzubringen.

Wunder müssen dem neuen Geist seine Freiheit schaffen,
bemerkt zu werden und den Startknopf drücken zu können.
Gebe es die allmächtige, oberste Kraft, dass es bald die
Menschen trifft, sich dem neuen Geist und Leben zu öffnen.

Ja – es scheint der Mensch in seinen Haltungen immer und
immer wieder mit seinen alten Strukturen voranzukommen.

Warum haben die Menschen Angst neue Wege zu gehen?
Weil sie Angst haben sich dem Geist der Wahrheit hinzuwenden.

Ich hätte auch Angst, mir vorzustellen, meine Vergangenheit und Gegenwart einem Wahrheitscheck zu unterziehen. Muss ich gewahr sein, dass alles was ich von mir weiß, nicht der Wahrheit entspricht? Kann ich sicher sein, das ich der Mensch bin der so aufgewachsen ist wie er es glaubt?

Was passiert mit mir – wenn ich feststelle alle meine Familien-Angehörigen haben mich mein Leben lang belogen. Doch von mir wurde aus allen Kindheitstagen heraus gefordert – ehrlich zu sein. Was gab diesen „scheinbar erwachsenen" das Recht zu Lug und Trug an den Anderen und den Kindern?

Das Maß ihres ach so großen Egoismus.
Nur mein Wille zählt – Nur Meine Meinung ist richtig – Nur was ich für richtig halte ist auch richtig. Mit welcher Arroganz ihres eigenen Tuns und Handelns nehmen sie sich eigentlich heraus so zu sein? Vermutlich ist es die ANGST ihres eigenen Inneren, dann nicht für voll genommen zu werden. Angst abgeschoben zu werden. Wie eine alte Haut abgestreift und in die Tonne gesteckt. Doch sie sind selbst verantwortlich, wenn mit ihnen so verfahren wird. Denn durch ihr Verhalten in den Tagen ihres jungen Lebens, haben sie sich wie Herrscher über Könige, Kinder und Mitmenschen aufgeführt. Schon die Französische Revolution mit ihrem „Aussortierverfahren" hat gezeigt –

irgendwann ist Schluss mit der Toleranz gegenüber den Herrschern und Königen.

So wird dann halt gekürzt ganz schnell – und zwar an ein entscheidend Stell!!!

„ER" sagt uns nun wieder als Marke für die Zukunft, wir sollen uns immer wieder in Toleranz üben. Wie viel Toleranz ist richtig? Wann ist der Zeitpunkt auf die Reizungen von außen richtig zu reagieren? Wie kann ich auf Anfeindung richtig reagieren – bei der Wahrheit bleiben und den Mitmenschen nicht zu sehr auf die Füße treten?

Es gibt kein Allheilmittel unter uns Menschen für die Frage des Zusammenlebens. Ich als Mensch – wir als Gesellschaft – müssen herausfinden, mit welchem Mittel der Kommunikation es uns möglich ist, unsere Meinung zu vertreten, unseren Standpunkt zu manifestieren und die eigene Person vor Diffamierung durch die eigene Familie zu schützen. Jeder Mensch hat eine Daseinsberechtigung mit all seinen Macken und Fehlern. Warum glauben wir, nur der Mensch welcher ohne Makel ist, passt auch in die Gesellschaft? Deutsch oder anderswo!

VORSICHT – müssen wir alle walten lassen!

Besonders wir in Deutschland müssen uns hüten mit dem
Gedanken des Wertens – Mensch gut oder Schlecht – sorglos
umzugehen.
Diese Nichtsorge bei der Bewertung der Menschen hat es den
NAZIS 1933 bis 1945 möglich gemacht, sich von Millionen von
Menschen unterstützen zu lassen, die menschliche Rasse in
„Gut & Schlecht" einteilen zu lassen. „Wollt ihr den totalen
Krieg?" (Adolf Hitler) – Antwort des Volkes: JA!

Man schmeißt nicht ungestraft auf andere Völker Bomben.
Genauso vorsichtig wie wir mit dem Völker- und Landgedanken
arbeiten müssen, sollen wir auch mit dem Mitmensch umgehen.
Ja – es ist schwierig, immer dem Mitmensch seinen Freiraum
einzuräumen. Ja – es ist schwierig – gerade für uns Deutsche zu
erkennen – dass nicht alle Regeln die wir in Deutschland haben,
nun die richtigen Regeln für 8 Milliarden Menschen auf dieser
Erde sein müssen.

Es ist schwer, mit dem richtigen Handeln.
Auch ich selbst habe in meinem Denken die Schwierigkeit,
das richtige Handeln zu erkennen. Auch ich bin nicht frei von
Vorurteilen. Auch ich tue mich schwer, nicht in Maßregelungen
meiner Mitmenschen zu verfallen. Immer und immer wieder
erwische ich mich bei den geistigen Wertungen über Andere.

Doch durch seine Gnade lerne ich, mit dem WERTEN meine Gefühle der WUT zu kontrollieren. Aus „WUT" einen „MUT" machen, heißt es als besondere Maßgabe.

MUT – einen neuen Weg zu gehen, kann auch sein auf alle Konventionen der Rücksicht zu verzichten. Sich nicht hinter einer Maske aus Hinterhältigkeit und Wohlgefallen dem Mitmenschen die Wahrheit zu präsentieren. Wurde der Mensch in seinem Leben mit der Lüge ein Leben in Achtung vorgegaukelt – sollte der wahre Mensch den Mut haben mit der Wahrheit voran zu gehen. Was kann er mehr verlieren als seine Selbstachtung?

Maria Magdalena – das ist sie wieder!
Jung, schön und von einer geistigen Reife, deren Strahlkraft sich keiner der Menschen entziehen kann, welche der neuen, jungen, gereinigten Frau begegnen.

Ausgestoßen, von der Gesellschaft mit Missachtung gestraft, von den anderen „Weibern" mit Hohn und Spott belegt. Wie auch „ER" mit Hohn und Spott belegt wurde in seinen letzten Stunden. Ist das das verbindende Zeichen zur Nachfolge Jesu mit Hohn und Spott und Bespucken gedemütigt zu werden?
Sind das die Zeichen der Erniedrigung denen sich alle Nachfolger stellen müssen, um sich der Gnade seiner würdig zu erweisen?

Ich weiß es selber nicht, die Frage danach martert mir das Hirn.

In den nächsten Stunden und Tagen werde ich versuchen mit „IHM" in Kommunikation zu treten, um die Antworten für mein richtiges Tun & Handeln zu ergründen.

**Ich wanderte in einem finsteren Tal
und dachte in der Höllen Qual,
kommt doch die Lösung schneller her
stürz ich mich in der Welten Meer?**

**Oh nein so ist es leider nicht,
die Feigheit blendet das Gesicht,
das Morgenrot vom Osten her,
weist Weg zu Euch den Menschen sehr.
(Donegel Smith)**

Diese Zeilen zeigen einem Menschen in Bedrängnis eigentlich seinen neuen, eigenen Willen. Mit dem Kreuz voran gehen zu einem neuen Ufer. Mit den Füßen den Boden betreten der uns weiterführt. Mit den Händen den Geist von Oben zu erflehen, welcher uns leitet. Es verdienen die Menschen in unserem Umfeld, sich ihnen ganz zuzuwenden. Die Menschen die uns mögen und wollen, bekommen unsere volle Aufmerksamkeit.

Die Anderen bekommen die Aufmerksamkeit die sie verdient
haben. So kann man sich nicht selbst verlieren und man schützt
seine Seele vor dauernder Neuverletzung.
Niemand hat das Recht einen anderen Menschen zu verletzen.
Niemand hat das Recht einen anderen Menschen zu demütigen.
Niemand hat das Recht einen anderen Menschen zu verurteilen.
Niemand hat das Recht einen anderen Menschen zu töten.
Niemand hat das Recht – das Recht mit Füßen zu treten.
Jeder das das Recht – sein Recht auf Leben zu verwirklichen.
Jeder hat das Recht – sein Leben zu leben wie er will!
Jeder hat das Recht – sein Leben zu schützen!
Jeder hat das Recht – seine Wahrheit zu erfahren!
Jeder hat das Recht – die Unrechten zum Recht zu führen!
Jeder hat das Recht – Gott richten zu lassen – durch Gnade!
Jeder hat das Recht – seine Gnade zu erbitten und zu erhalten!

Gebe uns der allmächtige Gott die Kraft, diese Regeln in uns zu
integrieren, danach zu leben und mit ihnen zu leben.
Gebe uns „DER WANDERER" in seiner Gnade die Gelassenheit,
sich seinem Willen für jeden, einzelnen Menschen und seinem
vorgegebenen Weg pro Mensch zu unterstellen. Das ist die
größte Herausforderung für jeden einzelnen Menschen selbst.
Mut, Kraft und Geist gehören unabdingbar dazu. Bitte hilf uns in
diesem schwierigen Umsetzungsprozess. Wir sind zu schwach!

Nachfahre Jesu – wo bist du zu finden? Liebe wo bist du?
Im Vatikan, in Israel, in den Golanhöhen, im See Genezareth?
Im Petrus Gebein in Rom oder gar in den heiligen Gebeinen des
Apostels Paulus. NEIN – wir finden die Nachfolge zu dem
„Wanderer" Jesus Christus in jedem, einzelnen Menschen der
die Rechtschaffenheit auf dieser Erde sucht und sie bewahrt.

Der Vatikan möchte sich als Institution nicht verändern.
Die Kardinäle wollen ihrem Ansehen nicht eine Veränderung
angedeihen lassen. Doch mit der Schuld ihres Handelns in den
Jahrtausenden haben sie sich ihre Mitschuld auch verdient.
Der Kinderschänder bleibt ein Kinderschänder. Ob nun
katholisch oder evangelisch. Der Mörder bleibt ein Mörder ob
Frau oder Mann. Der Verletzer des Rechtes - bleibt ein Verletzer
des Rechts. Ob nun Normalbürger oder Politiker.

Irgendwie möchten die Obrigkeiten sich aus den
Verantwortlichkeiten des Lebens immer und immer wieder
herausschleichen. Das ist widerlich!
Steuern soll der brave Bürger bezahlen, dann ist es rechtens.
Betrügt er - kommt er ins Gefängnis.
Der Betrüger mit den Millionen – kommt mit Bewährung davon.
Früher hätte man den Banditen den Daumen als Erinnerung
abgehakt. Als äußeres Zeichen ihrer Unmoral. Wenn mit
Reichtum und Wohlstand immer auch Unmoral einhergeht,

dann ist es besser eine arme Kirchenmaus zu sein. Es sei denn, man lebt das neue, reiche, moralische Leben vor.

Kommen wir zu der Unmoral in diesem deutschen Land.

Udo Jürgens hat gesungen, an allen Problemen: Zitat: „die MÄNNER sind schuld." Ja, sie sind die Po`s dieser Gesellschaft. Arrogant, selbstsüchtig, egomanisch und in einem Maße von sich und ihrem Tun überzeugt, dass die Eimer der Welt nicht reichen sich darin zu übergeben. Was hat die Pimmel Typen eigentlich zu dem gemacht, was sie von sich glauben?
Es ist die Art ihrer Erziehung, die sie zu einem Mann machen soll. Stark, selbstbewusst, verantwortlich und erfolgreich.
So stellen sich die Männer der Nachkriegsjahre ihre Söhne vor. Danach sollen dann auch die Söhne und deren Kinder oder Enkel diesem Leitbild entsprechen. Es wäre besser, sie würden in sich drin, den weichen Kern entdecken. Mit weiblicher Diplomatie kann viel mehr erreicht werden, als mit diesem elenden Matcho Gehabe. Just in diesem Moment sitzt vor mir so ein arroganter, alter Sack. Um die 65 Jahre alt, die Frau sogar in der Öffentlichkeit anschnauzend, mit sich und der Welt im Reinen. Er glaubt halt auch wieder, der Papst und der der Pascha von Janina waren seine Vorfahren.

„Wanderer" es ist nicht so gut, wenn die Männer erst bei ihrem Ableben vor dein Gericht gestellt werden. Erteile ihnen doch schon hier auf Erden, die Lektion ihre Mitmenschen und vor allem ihre *„Mitfrauen"* wie einen Schatz zu hüten und zu lieben. Punkt zwei der Unmoral in diesem Land ist die „geistige Unfreiheit", in die wir uns alle begeben. Immer und immer wieder nach den Vorstellungen der Anderen unser Leben bestreiten, wird nicht zu dem Erfolg führen, welchen wir uns für unser Leben eingebildet haben.

1. Müssen wir selbst erkennen, was wir wollen!
2. Müssen wir an dem Ziel festhalten!
3. Müssen wir unsere Ungeduld ablegen!
4. Müssen wir einen Plan aufstellen!
5. Müssen wir alle Misserfolge auf dem Weg akzeptieren!
6. Danken am Tage des Erfolges für SEINE Unterstützung!

Stellen Sie sich vor, in ihrem Leben ist sehr viel passiert.
Sie würden gern andere Menschen vor diesen Gefahren bewahren oder warnen. Ihnen fehlt aber der Mut, sich hinzusetzen und die Gedanken in Worte zu fassen. Dann denken Sie an den Tag, an dem ihr Werk in ihren Händen liegt.
Ein unbeschreiblicher Moment.

Ein Kind wird ihnen in die Hände gelegt, ein unbeschreiblicher
Moment. Sie bekommen ihr erstes, selbstverdientes Geld. Ein
unbeschreiblicher Moment. Sie haben einen neuen, besseren
Job in einer Führungsetage. Der erste Gehaltsscheck mit 7000 €
ein unbeschreiblicher Moment. Sie treten vor den Altar des
Herrn mit der Frau ihres Lebens und sagen „JA" zu dem
gemeinsamen Leben. Ein unbeschreiblicher Moment!
Merken sie es?

Es kommt auf den Moment an. Der Augenblick ist der Funke des
neuen Lebens in dem Geist des „Wanderers". Mit ihren neuen
Möglichkeiten, können sie anders auf die Menschen zugehen,
als in ihrem alten Leben.

Mentaler Geist – was für ein großes Wort.
Mentaler Geist – ist die Kraft unser inneres DENKEN nach außen
zu transportieren und aus dieser Kraft heraus, besondere Dinge
zu tun. Die Mitmenschen werden sich wundern, was alles in
ihnen steckt. So werden sie neu gesehen und die Achtung der
sie hinterher gerannt sind, kommt automatisch zu Ihnen.

Lassen sie sich nicht beirren, ihren Weg den sie aufgenommen
haben zu gehen, einfach und bescheiden fortzusetzen. Der
„Wanderer" wird sich ihres Weges annehmen und dafür sorgen,
dass sie zum Ziel der Selbsterkenntnis kommen. Dann wird ihre

Strahlkraft um so mehr als „KOMET" am Himmel des Universums strahlen. Verrennen sie sich nicht. Schweben sie nicht der Sonne entgegen und vergessen sie ihre wächsernen Flügel nicht. Der Weg nach oben ist steil und mühsam. Der Weg nach unten ist Sekundensache. Es wird dann keiner unten stehen und versuchen sie aufzufangen. Besorgen sie sich einen Fallschirm mit eingebauter Lebenssicherung. Nie erst ganz unten aufkommen. Sondern durch die Kraft des Geistes – BODENHAFTUNG – erlangen und behalten. Die Bewunderung der Mitmenschen wird es ihnen zeigen, dass es der „richtige" Weg war und ist.

Was haben die Menschen vor 2000 Jahren uns voraus?

Sie glaubten an die Erlösung durch den kommenden Christus! Sie waren aber auch zu Seelenblind – IHN zu erkennen. Unterscheiden wir uns denn als moderne Menschen im 21. Jahrhundert von diesen Menschen? NEIN!

Wir sind von einem Selbstglauben beherrscht, dass es den lieben Gott nur so jammern muss. Alles was ich kann, kann ich aus mir heraus. IRRTUM!

Wenn die Mutter dem kleinen Hosenscheißer nicht die Windeln rechtzeitig gewechselt hätte, säße der heutige, kleine, arrogante

Fliegenfänger heute noch mit seiner vollenHose da.

Doch sobald sie dann ihren Porsche fahren, wollen sie die Wahrheit ihrer Kinderzeit nicht mehr wahrhaben. Ja – sie waren sabbernde, die Hosen vollmachenden, kleine Wesen, die durch die Liebe ihrer Mutter groß wurden. Die Fürsorge hat aus den kleinen Zwergen tolle Menschen werden lassen.

Die Mütter haben die Kinderseelen gerettet, die Väter haben oft versucht Schnösel zu erziehen. Früher wurde den Knaben dann mit Militärakademie und den verwöhnten Kindern der Reichen mit Internat eine Richtung zugewiesen und der *Folgewille* erpresst. Doch das Kind möchte auch spielen. Spielen erleichtert die Entscheidungen für das Leben. Ohne das JAGEN spielerisch zu lernen und zu üben, wird der Gepard nicht eine einzige Gazelle töten können.

Von der Jagd, dem Zupacken und dem richtigen Töten, hängt allein seine Existenz und die Existenz seiner Art ab.

Ein Komet wurde uns Menschen als Zeichen von großen Ereignissen immer vor Augen gehalten. Ein dreckiger, eisiger Schneeball soll unser ganzes Sein bestimmen? Unser Schicksal in der Hand einer grauen Kugel?

Kommt drauf an, ob die graue, eisige Kugel wie Jahrhunderte zuvor an unserer Erde vorbeifliegt oder ob sie sich denkt: „Heute fliege ich mal die Erde an und verbreite Chaos!"

Dann hätten wir zwar wieder etwas Süßwasser auf der Erde aber es könnte auch der letzte Tropfen Wasser sein, den unser Körper berührt. Als verschmorter Dampfkörper wären wir dann soweit, wie die Bürger von Pompeji. Der Vesuv leistete eben auch ganze Arbeit. Menschen gehen immer gern auf Risiko. Doch sollte kein Mensch das Risiko eingehen, sich mit der größten Macht der Welt anzulegen. Der Natur – Ur – Gewalt. Dies ist auf allen Ebenen zum Scheitern verurteilt.

Folgewille – ja die Kinder werden erpresst.
Auf allen Ebenen, in allen Schichten und in allen Bereichen. Wenn der Erwachsene zu einem Banker sagt: „Zahlen Sie 500.000 € oder das Leben geht dahin!" so ist das Erpressung!

Wenn ich als Erwachsener zu einem Kind sage: „Sei jetzt schön brav, oder DU bekommst *kein* Eis!" Wo ist denn da bitte der Unterschied zu der Erpressung mit der halben Million Euro.

Der Räuber und Dieb darf also die Bank oder Gesellschaft, oder private Personen **NICHT** erpressen!
Der Vater oder die Mutter darf aber das kleine Kind durchaus erpressen, damit der kleine Wurm seinem erwachsenen, tollen, Willen folgt! Pfui Teufel noch mal gegen diese **„erwachsenen Geistschmarotzer!"**

Geschichte zu einem persönlichen Bild

Elefant „FANTI"

Der "*FANTI*" ist ein Elefant, der ist
im Herzen sehr galant, der tut sich trotz,
dass er aus Plüsch,
verhalten wie ein Mann am Tisch.

Nun sitzt er dort in seinem Stuhl,
im Schein der Sonne ziemlich cool,
doch tut er mit ganz gut Manieren,
sein ganze Wut hier demonstrieren.

Er zeigt mit seinem bittren Antlitz,
so süß wie Amellie`s Popantiz,
dass er die Hitze dieser Tage,
empfindet oft als eine Plage.

Er hat die Aufgab da zu sein, im Schlaf
mich tröstend, vornherein, mich zu
beschützen ob der Zeit die trennt von
der Erwachsenheit.

Er soll dafür gerade stehen,
dass Kindheit ist im Leben schön,
doch bloß weil wir mit all den Jahren,
an Größe scheinbar fortgefahren,
ist dies für IHN kein guter Grund,
im Geist zu kommen auf den Hund.

Ich rate Euch, lasst euch besinnen,
die Kindheit wieder neu beginnen,
seid ihr nun 40 oder 80,

egal, das Herz welch`s lacht, das macht
sich nicht frustig hier von dieser Welt,
eh es nicht glücklich eingestellt.

Damit im Himmel Engel singen, muss
man s auf Erden sich verdingen, im
Paradies dabei zu sein sonst lässt der
Petrus uns nicht rein.

So hält der" *FANTI* „ immer Wacht, sei
es bei Tag sei es bei Nacht. Wenn Ängste
quälen uns im Schlaf da hilft kein Bier,
kein zählen Schaf. Doch nimmst DU IHN
mit auf die Reise, wird bunt was da

erschien im Kreise. Die Augen fallen dir
dann zu. Du bist geborgen, stets in Ruh.

Du kannst im Geist Dich anvertrauen, auf
Gottes Liebe stets neu bauen, dafür sitzt
„ER" mit seiner Macht, und hält für uns
die „Friedenswacht".

Habt Ihr auch so ein Kuscheltier, so
schämt Euch nicht und sagt es mir, damit
in dieser schlimmen Zeit, der Nachruf
tönt der Kinderzeit.

„Oh Du „geschund'ne" Kinderseele,
sei doch erlöst aus Deiner Höhle,

ich rufe Dich, bei deinem Namen,
von dem wo stammt der höchste Samen,
du Kinderseele jetzt geborgen, befreit von
Lasten, allen Sorgen. Es gibt für Dich durch
Gottes Geist,
die Kraft die Dich einst nie bescheißt!"
Wir Menschen haben hier auf Erden, die Pflicht zu
Kindern neu zu werden. Um mit der Augen von
den „Kleinen", das was wir gut und richtig
meinen,
zu sehen mit des Kindes Geist – nun lernt
erkennen allermeist – das IHR die scheinbar groß
– gescheit – von wahrer Größe nicht geweiht –
man sieht es in den letzten Tagen, das Menschen
die groß Namen tragen, von Würde und der
Pflichten Last – die Aufgabe haben verpasst - zu
schützen was ein kleiner Mann, ein großer Mann
mal irgendwann , an Seele hat wohl

mitbekommen – wir haben „IHM `s" fast

weggenommen,

so lasst uns schreien   –

„ Nie mehr wieder   -   drück großer Geist -

klein Seele nieder !!!"

Dafür steht „*FANTI*" in dem Sessel mit Blick auf

Berg der heißt groß Hessel, er sei der Kinder

Hoffnungszeichen, dass nun gestellt die neuen

Weichen – den Plüschtierfrieden wie er bringt, für

alle Menschen gleich bestimmt!!!

Kinder dieser Welt steht auf, lasst euch nicht mehr eurer Seelen
berauben, wehrt euch mit allen Mitteln aus der Kraft des
mentalen Geistes heraus, gegen die Erwachsenen Seelendiebe!

Seid euch in allen Lagen eurer selbst und Eures Seins bewusst.

Definieren wir den Begriff Kraft neu!

Kraft heißt nicht – ich kann Bäume versetzen.

Kraft heißt die mir zur Verfügung stehenden Kräfte in meinem Willen mit dem größten Effekt einzusetzen. Immer mit dem Ziel, das beste Ergebnis zum Wohle meiner Mitmenschen zu erreichen. Alles was nicht zum Menschenwohl von mir getan wird, wird sich langfristig gegen mich wenden – auf dem Weg zu meiner persönlichen Erkenntnis. Umso schwieriger werde ich mich tun, den Weg des „Wanderers" zu gehen, den „ER" für mich bestimmt hat. Kopf ausschalten – Herz sprechen lassen.

„Oh komm Du Geist der Wahrheit und kehre bei uns ein…"

Wahrheit ist eine Sache, bei der „Derjenige" der sie ausspricht, ein schnelles Pferd unter seinem Hintern haben sollte. Wahrheit ist – das die Menschen in Deutschland die Nase von der Politik voll haben. Sie merken einfach, dass sie nicht verstanden werden.

Wie auch – wenn das Geld nicht mehr zum Leben reicht?

Der eine Job – die Kosten für die Familie nicht mehr deckt?

Die Preise ständig steigen und die Gehälter und Löhne immer der Preisentwicklung hinterher wackeln.

Aber die Menschen sehen die Politik und die Menschen oben in der Wirtschaft, deren Wochen und Tagesstunden auch nur 24 sind – und doch die Verdienste sich um ein vielfaches an dem Normalbürger vorbei nach oben entwickeln. Der Reiche sucht sich nach der Steuerklärung das nächste Auto aus, der Familienvater mit zwei Kindern darf bald zum Amt gehen. Da er ja brav gearbeitet hat und Steuern zahlte.

Es scheint aber so, als wenn dieser Zustand von der Politik noch gewollt ist. Damit die Millionäre ihre Vermögen in Luxusartikel stecken und in ihre Unternehmen investieren.

Die Bundesrepublik als Staat hat ja auch kein Geld in irgendetwas zu investieren. Selbst ihre Waffen schießen daneben. Tolle Zeiten für Terroristen, denn die Verfolger treffen ihre Ziele nicht. Das ist doch ein Witz! Oder böse Realität!

Verführer vor 2000 Jahren fragten den „Wanderer" was er dem „Steuern zahlen" entgegen zusetzen habe. Kurze Antwort: „Gebt dem Kaiser, was des Kaiser`s ist und Gott was Gott gehört!"

Doch heute ist eher so, dass die die das Geld in Massen haben, ihre Steuern lieber dahin schaffen, wo es mehr für ihr Geld gibt. Verständlich wenn man sieht, wie das Steuergeld in Deutschland ausgegeben und verschleudert wird!

Ist es auch ein Wunder?
Will ich Arzt sein muss ich Medizin verstehen!
Will ich Kaufmann sein muss ich unternehmerisch denken
können!
Aber als politischer Abgeordneter – so scheint es - habe ich
automatisch von „Allem KEINE Ahnung!"

Ein großer Irrtum - es heißt Fachwissen haben und sich nicht
beim Simsen im Bundestag – Fachwissen erschlafen!

Wieder mal aufgewacht, denn die Politiker sind in ihren Reden
der Schlaftablette gleich, die das Volk zum Einschlafen bringt!
Eingelullt und verdummt werden dann aber wieder Beschlüsse
gefasst, die kein Mensch versteht. Nicht einmal die politischen
Simser selber. Hauptsache die Aufwandsentschädigung von ca.
9000 € stimmt. Bezahlt werden wollen Sie - wie die
Bundesrichter. Aber der Mist den sie bauen ist kein Bundes-
Richter-Gehalt wert.

Komm du Geist der Wahrheit...
An den Engelszungen des Heiligen Geistes wird immer gern
gezweifelt. Volk Mach Dir die Mühe, dem Regierenden aufs
Maul zu schauen und die Worte zu hinterfragen.

Dann wirst Du eher zu Antworten kommen, als wenn du wartest, bis DIE es dir erklären. Auf AUF BIS ZUM SANKT NIMMERLEINSTAG!
Die Spur führt immer weiter, auf dem Wege den Maria Magdalena gegangen ist. Pilger fragen sich heute: **Gibt es einen Gott? Bessere Frage: WARUM soll es keinen geben?**

Antwort aller Pilger, die auf dem `Jakobsweg` gepilgert sind: *JA*
Ja – es gibt ihn mit einer unglaublichen wunderbaren Macht!

Ja - er machte mich auf dem Weg kaputt. Ja – er führte mich an die unterste Grenze meines persönlichen Geistes.

Ja – erst als ich bereit war, mich ihm zu öffnen, öffnete er mein Herz, erfüllte er mich mit Leben und schenkte mir die Fülle meines SEINS in der Ankunft in SANKT COMPOSTELLA.

Ein „Wanderer" unserer Neuzeit, hat dies sehr gut beschrieben. Weg sein – sich neu erleben – zu sich selbst finden – Kraft schöpfen. Der MONTE MARIO ist der Weg vom Vatikan in die Sommerresidenz des Papstes. Auch ein Pilgerweg.
Unser ganzes Leben ist ein Pilgerweg, wenn wir es wollen, uns einer höheren Macht anzuvertrauen. Probiere es einmal ganz ohne die „höhere" Macht zu leben. Wundere dich nicht, wenn in Momenten der Verzweiflung DU ganz allein dastehst.

Trost in dem Miteinander ist das wahre Plus.
In der Kommunikation einer Affenhorde kannst DU erkennen,
worauf es ankommt. Wenn die Affen gegenseitige Liebe
brauchen, wieso glaubst Du dann es wäre bei dir anders?
Weil du ja nicht vom Affen abstammst? Weil du klug bist?

Und schon hast DU dich dümmer verhalten, als jeder Affe auf
dieser Erde. Herzlichen Glückwunsch!

Wie ist das mit dem Unterschied zwischen Mensch und Affe?

Der Affe baut vor und nimmt von 5 Bananen nur zwei, damit er
morgen auch noch was zu essen hat. Banane immer frisch!

Der Mensch nimmt gleich alle Bananen, damit nur er sie hat und
nicht jemand ihm die Bananen wegfrisst. Banane übermorgen
kaputt! Wo zum Geier ist jetzt die überlegene Intelligenz des als
Krone der Schöpfung bezeichneten Menschen? Ich kann da
keine Krone sehen. Nur wenig, wellig Hirn in den Überlegungen
einer morbiden Rasse.

Maria Magdalena – sündig Weib? NEIN – KLUGE FRAU!
Stellen wir uns eine nackte Frau vor, so sehen wir ihren Schoß
als eine dreieckige, erogene Zone an. Die durch ihren behaarten
Schoß und Schamhügel gekennzeichnet ist.

Dieses Dreieck mit langer Seite oben, markiert auch einen Kelch aus der Zeit des Römischen Reiches. Welcher eher einer flachen Schale gleicht. Nicht eines uns bekannten Abendmahlkelchs. Und doch kommt aus dieser Schale des Leibes der Geist, der uns zu einem neuen Menschen machen kann.

Ich kann den Menschen nur raten, sich nicht verrückt machen zu lassen. Auch wenn es jetzt so scheint, als wäre schon alles in den besten Wegen. So müssen wir irgendwann lernen, nicht alles ist so im Leben, wie es uns von außen her gespiegelt wird. Unser Umdenkprozess wird sich schleichend und warm umhüllend wie eine Schmusedecke um uns schmiegen.

Schon als Kind haben wir es genossen, uns auf einer samtweichen Babydecke zu bewegen und die Freiheit unseres Körpers zu genießen.

Je älter wir werden, um so mehr wird sich unser Geist melden. Auch er möchte gern die Freiheit sich frei zu bewegen, mit dem Körper teilen. Auch unser Geist wird erkennen, dass es der Veränderungen braucht, um sich einer neuen Zeit zu öffnen und das Herz in seiner Tragweite als Liebesbotschafter zu akzeptieren.

Hat das Herz unser Denken, Handeln und Fühlen erst einmal übernommen, dann soll auch der Geist sich dem Willen des Herzens beugen. Es geht nicht darum mit der maximalen Rationalität unser Leben zu leben, sondern mit der Weichheit und Güte unseres Herzens die Welt menschlicher zu machen.

Was nützt es uns, wenn wir immer unseren Willen bekommen? Erde kaputt, Leben vorbei, Chancen des Helfens und es Miteinanders ausgelassen.

Eines Tages stehen wir dann vor unserem Schöpfer, der fragt nach unseren Taten und wenn wir nicht aufpassen, dann müssen wir ihm sagen, dass wir unser Leben anders gelebt haben (scheinbar Leben vergeudet) im Gegenteil, Chance bekommen Leben ganz neu anzugehen.

Es gibt aber immer den 2. Weg unser Leben in eine richtige Richtung zu lenken. Dieser Weg ist es - immer all unser Tun zweimal zu überdenken. Beispiel: Ich kann dem Typen der mich nicht leiden kann und mit meiner Frau rumvögelt - eine in die Visage zu hauen, oder ich überrasche den verdutzten Menschen mit seiner Angst, in dem ich ihm dieses eine Mal vergebe. Ich warne ihn vor einer Wiederholung. Der Frau weise ich die Tür, suche mir eine neue Frau die mich vollkommen liebt und bin immer Herr meiner Gefühle und Gedanken. Eifersucht wäre der schlechteste Ratgeber. Bringt einen meistens in das Gefängnis. Oder auf den Friedhof.

Geist in seiner reinsten Form – *DER WANDERER!*

Ich wünschte mir manchmal von so einer reinen Weisheit erfüllt zu sein, dass mich die Menschen in ihrer Unvollkommenheit nicht mehr aufregen. Ich kann mich aber nicht zerreißen, Politiker mimen, Betriebswirtschaftler oder Berater der Menschen und Führer eines neuen Zeitgeistalters in einer Person zusammen sein.

Damit würde ich mich entzweien.

Besser ist es, sich der EINEN Sache zu widmen. Und das mit ganzem Herzen. Also sehe ich mich als Berater der Menschen in der jeweiligen Situation an. Ich kann aus einem Lebensfundus von Ereignissen und Erfahrungen profitieren, die ich in meinem Leben machen musste. Menschen ist es dann vielleicht möglich, einen neuen, besseren Weg einzuschlagen? Ich kann Sie auffangen und trösten. Wenn sie sich dann gefangen haben und mir davon erzählen, mich an dem neuen Weg daran teilnehmen lassen, so ist dies das größte Geschenk und der beste Lohn für mich. Wiederum kann ich heute Menschen auf einer neuen Ebene der Kommunikation begegnen, wie es vor 9 Jahren noch keine Möglichkeit für mich gab, so den anderen Menschen gegenüber zu treten. Selbstbewusst und auf sich und die eigenen Stärken vertrauend, konnte ich mich in den letzten 9 Jahren neu aufstellen. Heute begegnen einem die Menschen oft in sich gekehrt und verschlossen.

Schenken SIE den Menschen denen sie „Heute" oder „Morgen" oder an den „Anderen" Tagen früh schon beim Bäcker begegnen eine LÄCHELN: Dieses Lächeln wird sich vermehren und in der folgenden Zeit kommt es zu Ihnen zurück.
In welcher Form auch immer, wird sich das Lachen, welches Sie säen, in reicher Frucht der Fröhlichkeit auf ihr weiteres Leben positiv auswirken. Im Moment des Augenblickes scheint diese Aussage eine Illusion zu sein. Doch wenn wir als Menschen nicht an Illusionen glauben, warum bewundern wir dann einen Zauberer. Warum gehen wir in den Zirkus, schauen an die Kuppel und staunen über Akrobatik die leicht aussieht.
Nichts ist leicht im Leben – schon gar nicht das Leben selber.
„Das Leben ist nichts für Feiglinge!"

Feigheit vor dem Feind – früher ein Grund erschossen zu werden. Ich sehe eine Schwäche des Menschen als eine Stärke an. Es macht ihn menschlich. Es macht ihn verwundbar. Daraus resultiert bei richtiger Anwendung dieser Schwäche eine Löwenstärke. Ein Löwe muss gar nichts tun, schon machen sich die Feiglinge in die Hose. DER BLICK – die Waffe des mentalen Geistes allein reicht aus, um den oder das Gegenüber zum

Wanken und Zweifeln zu bringen. Also brauche ich keine Waffen oder andere Dinge, sondern die Kraft des mentalen Geistes als einzige, wahre Kraft den Menschen zu einem neuen Weg zu bewegen. Oft auch die Wirksamere. Kann ich mit Überzeugung argumentieren, unterstützt von Wahrheiten und Begebenheiten, die ich erlebt habe glaube ich nicht, dass ich eine Keule brauche, für „nachhaltige" Argumente.

Ein Kind vertraut uns, dass wir es gut mit ihm meinen.
Ein Kind vertraut uns, dass wir es besser wissen durch unser Alter. **Ein Kind darf und muss unsere uneingeschränkte Liebe erfahren und bekommen. Seine Seele hat es verdient.**

Wer will schon einem kleinen, zarten Wesen seine Unschuld nehmen oder absprechen?
Menschen die dieser emotionalen Aufgabe nicht gewachsen sind, sollten von Kinder machen oder aufziehen schon im Voraus die Finger lassen. Bedarf es der scheinbaren, körperlichen Gewalt oder Züchtigung, dann läuft etwas sehr verkehrt.
An alle Beteiligten, die die Augen fest verschließen, öffnet die Augen, beseitigt EURE gesellschaftliche Blindheit zum Wohle der Kinder und der anderen Menschen denen ihr begegnet.
Ihr selbst seid der SPIEGEL unserer Gesellschaft. Die Familie ist die kleinste Zelle unserer Gesellschaft. Wenn die kleinste Zelle krank ist, wie kann dann der Körper im Ganzen gesund sein?

Wie ein Krebsgeschwür zieht sich in der heutigen Zeit, Neid, Angst, Arroganz und Blindheit vor den Missständen in unserem Land durch die Schichten unseres Landes und der Gesellschaft.

Oben bleibt oben und verliert die Sicht nach unten.
Unten bleibt unten, weil der geistige Wille fehlt, sich aus der Umklammerung der alten Strukturen zu befreien.

Fragen sie sich selbst einmal, was Sie wirklich wollen!

Dann nehmen sie sich einen Zettel, schreiben Sie ihre Wünsche und Ziele auf. Als nächster Schritt geben Sie dem Wunsch und Ziel einen Zeitplan vor. Sie werden merken, wie sich ihre Einstellung zu ihrem neuen Leben abrupt verändern wird.

„Träume nicht Dein Leben, sondern fange an Deinen Traum zu leben!"

Das scheinbar unmögliche ist immer zu erreichen.
Es kommt nur darauf an, wie Du den Weg angehst zu gehen.
Keiner kommt auf direktem Wege zum Gipfel. Es bedarf der richtigen, schlauen, lebenserhaltenden Route. Dann erreichst Du den Gipfel deines Erfolges ohne Probleme.

Ein Problem unserer Kinder werden wir nie verstehen.
Weinen, hinwerfen, lauter Weinen, Schreien, nicht sich
bewegen wollen. Warum machen die Kinder das?

Sie wünschen sich die Aufmerksamkeit ihrer Mutter!!!
Mehr ist es nicht. Aufmerksamkeit wird dem einen Kind
angetan, welches oft das alleinige ist, oder das Zweite, Kleinere.
Schon schaffen wir in der kleinsten Zelle der Gesellschaft,
unseren Familien die Zwei – Klassen – Gesellschaft. Wenn wir
dann nicht aufpassen, werden die Kinder dieses Phänomen
mitnehmen bis an das Lebensende ihrer Tage. Nehmen wir allen
Kindern dieses Gefühl und geben wir ihnen eine wachsende
Form der Geborgenheit. Sie soll sich so wie das Kind
weiterentwickeln und wachsen. Stabilität in der Entwicklung, in
der Zuneigung und der Verteilung der Liebe zu den Kindern wird
sie zu starken Persönlichkeiten wachsen lassen. Später werden
wir sie lehren, sich zu wehren, Widerstand zu leisten, anderen
beizustehen und dem Wohle der Gesellschaft mit Kraft, Mut,
Liebe und mentalem Geist vorzustehen und eine Generation zu
schaffen, welche auch in 100 Jahren den Anforderungen der
globalen Entwicklung gewachsen ist.

Wir DEUTSCHEN sind in 278 Ländern dieser Welt Ausländer!

Rennen deshalb in Afrika oder Asien, oder Kanada die Männer mit Keulen hinter uns her? Prügeln sie uns tot, weil wir weiß sind? NEIN!

Deutschland ist ein Land, welches sich auf Rohstoffe und die Wirtschaft der nächsten 250 Jahre sicher nicht verlassen kann. Als zentrales Land in Europa kann es aber eine vermittelnde Rolle im Auf und Ab der Zeiten spielen. Konsequent an den Zusagen arbeiten, welche den anderen Ländern gegeben werden. Geld weitergeben ist eine gute Sache. Aber es hat langfristig keinen Sinn, das Geld in kurzfristige Tageshilfe zu investieren, wenn die Nationen mit den Problemen, nicht fertig werden. Wir in diesem Europa hatten das Glück, trotz zweier Weltkriege – welche auch noch von uns angezettelt wurden – eine 70jährige, friedliche Zeit zu erleben. Doch der Planet und die Reste der Rohstoffe werden knapper. Die Umwelt wird immer dreckiger und die Einsicht, dass es so eine Erde nicht noch einmal gibt, schrumpft von Tag zu Tag.

Es gab auch schon einen Sänger der einmal gesungen hat: „Dann kommt eine Flut die das Alles wegräumt. Mit Tosen und Schäumen in eine saubere Zukunft!" Der Mensch als Individuum braucht zum Leben die Erde. Die Erde braucht den Menschen nicht. Lassen wir es nicht zu, dass die Generationen nach uns, unsere Gebeine wieder ausgraben, um aus ihnen die Diamanten zu pressen, welche wir der Erde zu unseren Zeiten schon entrissen haben. Nur zum Zwecke des Bearbeitens von Stahl oder anderen, harten Metallen. Wir waren Räuber vor den Augen Gottes.

Fangen wir an, der Erde und dem gesamten GANZEN – wieder etwas zurückzugeben. 5 Euro für das Augenlicht eines Kindes. Wir können uns nicht mehr vorstellen, wie es sein könnte, ohne Augenlicht zu leben. Die - die wir sehend sind, können nicht mehr nachfühlen. Wir sind blinder als ein BLINDER! Tauber als eine TAUBER! Stummer als ein STUMMER!

Da nützt die feinste Schule nichts.

Das beste Internat ist ein Witz, wenn wir die Erde nicht als kostbarstes Gut begreifen. Unser Tun und Handeln sollte von dem einen Gedanken geprägt sein, etwas zu hinterlassen, was den Menschen nach uns als Anleitung dient. Anleitung zum Leben, Nachvollziehen des großen Ganzen, richtigen Umgang mit den Menschen um uns herum, friedliches Miteinander hegen und pflegen.

Nur dann werden wir langfristig eine Überlebenschance auf diesem blauen, einzigartigen Planeten haben. Vielleicht braucht der Mensch aber auch den Wirbelsturm in seinem Hirn. Reinhold Messner sagt immer wie toll der Moment auf dem Dach der Welt „Everest" gewesen sei.

Doch wenn wir uns die Erde genau betrachten, braucht es nur den Blick nach unten:

Wir behaupten von uns, dass wir sehend sind:

Wann haben speziell SIE als Leser das letzte Gänseblümchen bewusst gesehen?

Vielleicht gestern, vielleicht aber auch schon vor wenigen Monaten!

Waren die denn schon gestern da? Kommen die nicht erst im Juni raus? Machen wir uns nichts vor und gestehen uns ein, dass wir auf das kleinste Blümchen einfach nicht geschaut haben! Ehrlichkeit zu uns selber ist der erste Weg, unser Bewusstsein zu schulen. Wir rennen den östlichen Lehrmeistern alter Traditionen die Bude ein. Doch unfähig auf den Boden zu schauen, suchen wir lieber in der höheren Sphäre unser Glück. Wie armselig sind wir doch manchmal, wir Menschen mit dem scheinbaren, kleinen Geist einer Kuh! Muh!

Immer wieder so hat es den Anschein, brauchen wir von außen her den Anstoß, unser Leben zu überdenken und die Folgen unseres Handelns neu abzuschätzen. Immer wieder ecken wir an den Begrenzungslinien für unser Leben an.

Wir fühlen uns begrenzt und eingeschränkt.

Andere sind dafür scheinbar verantwortlich, dass wir uns in der Zeit so fühlen. Doch stellen Sie sich einmal selber die Frage, wer Sie persönlich eingrenzt oder begrenzt. Wenn sie ehrlich sind, dann werden sie feststellen, dass nur SIE allein sich begrenzen. Ihr freier Wille ein Leben in der unbegrenzten Freiheit zu leben, scheint ihnen aus ihrer Sicht des eigenen Käfigs unmöglich.

Denken Sie aber daran, sich dann nicht zu beschweren, wenn ihr Lebensdasein schwer erscheint. Fühlen Sie einmal die Leichtigkeit, wenn sie sich nur bei geschlossenen Augen vorstellen, wie es sein könnte – ihr Traumberuf ist nicht weit weg, sondern SIE leben ihn tagtäglich wirklich aus. Nun sehen sie selbst, was sie am neuen Weg hindert. Es sind SIE.

Sie hindern sich am Traum, weil der Traum vom Freiheitsdenken ihren angezüchteten Ängsten entspricht. Haben die Menschen früher nicht ihren Kindern beigebracht, lerne etwas Anständiges. Dann hast du auch ein gutes Leben.

Also hat die Prostituierte, Leichtlebige (Maria Magdalena) kein gutes Leben? Was ist denn ein gutes Leben?

Geld wie Heu, der Porsche Panamera Turbo vor dem Haus, viele Untergebene in der Firma unter mir? Ist das wirklich das wahre Leben? Oder bilde ich mir nur ein, dass ein gutes Leben so

aussehen soll? Wer hat diesen Führungswillen und Gedanken
eigentlich in unser Herz gepflanzt?
Schneller, weiter, höher – nur nicht vergessen!

WER FRÜHER STIRBT – IST LÄNGER TOT!!!

Möchten Sie ein eingebildeter Dodel sein? Geschniegelt und
gebügelt, doch von den Lebenserfahrungen der Menschen keine
Ahnung. Alle Schichten haben inzwischen begriffen, dass es so
nicht weitergehen wird. Sehen sie schon die neue Entwicklung?

Es wird so nicht weitergehen!
Die neuen Kräfte der Zeit, die seit 2012 auf unsere Erde hinunter
strömen, werden einen solchen Lebenswandel – wie wir es tun
nicht mehr zulassen.

Warum wurde also Maria Magdalena von dem Kreuz Christi und
der Todesstätte nicht fortgejagt? Es hätte sich kein Mensch auf
dieser Erde dem Geist und der Kraft IHRER Ausstrahlung
entziehen können. Die innere Umkehr zu sich und dem Willen
Christi macht Kräfte in uns frei, von deren Auswirkungen wir nur
träumen können. Begeben sie sich doch einmal probehalber auf
den Weg, ihm und seinem Willen ihres Lebensweges
ansatzhalber zu folgen! Schwer! Sehr schwer! Fast unmöglich!

Unser Geist hat verlernt sich dem Urvertrauen unseres SEINS anzuschließen. Wir haben nicht die Kraft unserem Inneren so zu glauben, dass in uns das Richtige schon heranwächst!
Ein einfacher Mensch kann nicht glauben, dass er Malen könnte. Doch die Anlage zur Kreativität ist in jedem Menschen vorhanden. Wir sind schon im Mutterleib kreativ und erforschen unseren Körper mit den Händen. Ein Kind im Mutterleib weiß, wenn es aus dem Schoß schlüpft, schon ganz genau ob es ein Junge oder ein Mädchen ist. Wir müssen es ihm nicht erst beibringen. Also weiß der Transgender auch genau, in welchen Körper ER oder SIE gehört. Nur die gesellschaftlichen Schranken weisen uns eine Rolle zu, für die wir nicht geboren wurden.

Die Finnen haben wieder einmal den Kopf vorn.
Sie haben die Schulbücher und das allgemeine Schulwissen über Bord geworfen. Die Kinder und Schüler lernen über Spiele und Computerspiele in ihrer Verknüpfung einen Stoff, der auf das Leben in der heutigen Gesellschaft in Finnland oder auch woanders geprägt ist. Sie werden sich in der Heimat wie auch in der Fremde besser zurechtfinden. Pioniergeist in der aktiven Form – wäre es nicht toll, wenn Deutschland einmal eine Vorreiterrolle übernehmen könnte?

Nein – wir halten lieber an dem ALTEN fest.

Alle Schüler wissen gleich viel. Alle lernen die Berufe wie immer.
Alle haben dasselbe Gehalt oder Einkommen. Alle sind dann
zufrieden. Komisch funktioniert nicht!

Warum soll der junge Mensch mit der Gabe eines hohen IQ
verwöhnt und ausgestattet, sich dem bäuerlichen Wesen aus
der Provinz anpassen. Seinen Geist nicht vorantreiben und das
maximale Einkommen aus der Gesellschaft heraus erzielen?
Nur damit die Lehrkräfte diesem neuen Streben hinterher
kommen? Nur das sie das neue Denken auch verstehen?
Hochschullehrer, Dozenten und neue Lehrkräfte haben immer
wieder „ALTE" Vorgaben. Für die Bildungspolitiker eine einfache
Vorgehensweise mit nicht viel neuen Überlegungen.

DAS NEUE DEUTSCHE VOLK wird sich der anderen, schnelleren
und intelligenten Geistesentwicklung nicht entziehen können.
Es muss ein Umdenkprozess her. Und das sehr schnell.
Wir hängen ständig hinterher. Immer wird uns vorgemacht, dass
wir in der Welt eine Wirtschaftsmacht wären.
Doch alle Beteiligten sehen sofort, diese Aussage trifft nur auf
einige, wenige Unternehmen mit speziellen Technologien und
Produkten zu. Alle in der Masse der Produzenten mühen sich um
eine gleichmäßige Warenproduktion und kämpfen für den Erhalt
ihrer Standorte.

Maria Magdalena – Frau – Weib – Schoß Jesu Christi.

(Bild von Jules-Joseph Lefebvre 1876) * (als Sinnbild und Symbol des Weibes verwendet)

Schon ist es wieder da, der Moment dem Schoß der Liebe nahe zu sein. Mit der Nähe an dem weiblichen Schoß, sind wir auch immer im Schoß der Liebe Gottes geborgen. Kleine Kinder lieben es, sich im Schoß der Mutter geborgen zu fühlen.
Wir dürfen uns gebettet fühlen. Sicher. Verstanden. Geborgen.

Immer wieder muss man hören, wie es Kindern in Deutschland geht oder gegangen ist. Immer wieder hört man von Missbrauch, Übergriffen, Prügeln und Strafen das es **MIR DAS HERZ ZERREISST!**

Kinderseele – ist das HEILIGSTE – was ein Mensch besitzen kann.

Doch nicht einmal die Katholische Kirche ist frei von Schuld. Sie die große Glaubensrednerin unter den Institutionen, sollte sich selber an den Pranger stellen und sich geißeln lassen. Verdient hätte sie es allemal. **Doch so sagen liebe Menschen in meinem Umfeld, auch die haben Vergebung verdient.**

Einer stirbt für alle – Einer bringt Vergebung und Liebe egal wie wir uns verhalten. Es ist eben ein Kredit auf Lebenszeit, dem wir uns in unserem Wachstumszyklus würdig gegenüber erweisen müssen. Eine sehr schwierige Arbeit.

Thema Probleme:

Unsere Gesellschaft hat Probleme in großem Stil. Die Menschen verdienen nicht mehr genug zum Leben. Das normale Arbeiten in einem Job, reicht nicht mehr aus die Familien zu ernähren. Die Unzufriedenheit unter den Menschen unseres Landes steigt immer mehr. Jetzt gehen die Leute wieder auf die Straße, um ihren Willen durchzusetzen. Siehe die Gewerkschafter Lokführer. Verstehen kann ich es, nur die Sturheit ist nicht zu ertragen. Die Lokführer sollten sich darauf besinnen, wo sie herkommen. Ein Schlosser und Lokführer führt sich auf, wie ein König. Hat der Herr vergessen, dass nicht alle den Schutz einer Gewerkschaftsleitung haben? Das ist nicht

Größe sondern stinkender Größenwahn! Schade für die anderen Arbeitnehmer. Die müssen ihre Arbeit machen und verdienen nicht so viel wie ein Lokführer. Krankenschwestern und Altenpfleger wünschten sich sicher auch, besser vertreten zu werden. Doch bei Ihnen steht der MENSCH im Mittelpunkt ihres Handelns.

In den Unternehmen haben so einer Studie folgend 40% der Angestellten schon im Inneren gekündigt. Also sind sie nicht mehr bereit, ihre volle Arbeitskraft dem Unternehmen zu geben.

Unser Land hat Probleme – doch ich habe den Eindruck, als wenn die Verantwortlichen in einem großen Kreis sitzen. Ganz fest die Augen verschlossen haben, mit allen Fingern ihre Ohren zuhalten und der arme Mann in der Mitte das Wort – *Wir haben Probleme* – in den Raum schreit! Keiner hat ihn verstanden, keiner hat das Wort **PROBLEME** gehört, also haben wir auch keine Probleme in unserem Land. Doch die Auswanderer zeigen uns eine andere Sicht der Dinge. Bist du erst einmal alt und hast deine 40 Jahre auf dem Buckel, dann reicht die Rente nicht zum Überleben. Sterben auf Raten nennt man das dann wohl. Doch die Privilegierten unseres Landes, inklusive unserer Politiker und Wirtschaftsbosse stecken sich das Geld in die Taschen, um zu leben wie die Maden im Speck.

Wäre es nicht toll, wenn die Umverteilung in unserem Land einer besseren Versorgung der Menschen dienen würde?
Ich gönne JEDEM seinen Verdienst und Reichtum im Wohlstand!

Jeder sollte das Vermögen - was er sich erarbeitet hat - oder erarbeiten kann - auch behalten!!! *Vernünftiger wäre es wahrscheinlich, wenn der Steuerzahler nicht die Steuer an den Staat zahlt, sondern direkt an die Gemeinde oder Schule oder die Einrichtungen in seiner Umgebung. Dann würde nicht verschwendet, es gäbe eine direkte Erfolgsbilanz, sichtbare Erfolge beim Einsatz der Steuermittel wären immer an Hand der Schulen und Bücher oder dem Erfolg des Unterrichts sichtbar. Auch können die kommunalen Aufgaben direkt im Ort und auf der Basis des Volkswillens durchgeführt werden. Es brauchte keine Fahnder nach Steuersündern! Jeder würde wahrscheinlich sogar gern seine Steuer zahlen, da es dem eigenen Ort zu Gute käme.*

Was für eine traumhafte Vorstellung!
Doch so wie es aussieht, müssen erst noch die alten Eichen von vor tausend Jahren den Platz geräumt haben, ehe ein Umdenkprozess in der Gesellschaft möglich wäre. Vielleicht wird es Zeit, **die Politik samt ihren „Ausführenden"** durch neue Ideen und neue Strukturen zu ersetzen. Und das als drastischer Umstrukturierungsakt. Zeit wird es allemal.

Altersvorsorge muss auch möglich sein.

Wenn die Rente nicht mehr reicht, muss ich vorsorgen.

Habe ich Vorsorge betrieben, werde aber arbeitslos, dann kommt die ARGE und sagt erst aufbrauchen. Dann gibt es Geld. Wissen eigentlich die Politiker noch – was für Regeln sie schaffen und welche Konsequenzen diese Regeln haben? Eher NEIN! In den Runden bei HART ABER FAIR – behaupten die Vertreter der Politik ständig, sie hätten Ahnung von ihrem Tun. Heute für die Schweine zuständig, morgen für Bildungspolitik. Übermorgen Landwirtschaft und über- Übermorgen Strom und Energierevolution. Das ist idiotisch zu glauben, MANN kann alle Themen in sehr guter Qualität bedienen. Deshalb funktioniert das ganze Treiben eben auch nicht. Doch keine Krähe will der anderen Krähe an den Karren fahren oder ans Bein pinkeln. Schöne heile Politikerwelt in Umnachtung der Realität.

2015 oder 2016 könnten Jahre werden, wo der Gedanke des *„Humanen Wirtschaftens mit höchster Effektivität“* nicht nur ein Traum oder eine Gedankenspinnerei wäre. Sondern es ist möglich solche Gedanken auch tatsächlich in die Tat umzusetzen.

Dazu braucht es aber Menschen, die fähig im Geist sind, sich eine neue Art des Wirtschaftens zu überlegen, sie in die Tat umzusetzen und Menschen so anleiten zu können, dass alle die Freude daran finden, diese neue Ordnung zu leben.

Nicht „NEWTOPIA" ist der Zukunftsgedanke!

Es ist die Liebe zu unserem Wesen, was uns geschenkt wurde.
Das Leben in vollen Zügen genießen.
Unternehmen auf der ganzen Welt sind heute schon bemüht, neue Arbeitsformen zu entwickeln. Den Personen und den Bedürfnissen angepasste Arbeitsmodelle. Verschiedene Modelle der Arbeits- und Verdienstmöglichkeiten. Familien- und Kinderfreundlich.

Ich glaube, dass es möglich ist, mit neuen Leitungsstrukturen Unternehmen im Jahre 2015 oder 2016 dahin zu führen, dass diese ihre Flexibilität, preisgünstig und mit mehr beschäftigten Menschen erreichen und ausbauen können.
Die Führungskräfte können aber nicht irgendwelche Jungschnösel sein, kaum über 30 – kurz nach dem Studium – sondern diese Maßnahmen erfordern Lebenserfahrung.
Lebenserfahrung in allen Bereichen.
In der Familie, in der gesellschaftlichen Arbeit, in dem humanen Umgang mit dem Menschen.

Wie viele Stunden wir uns auch auf die Suche machen, müssen wir uns nicht die Beine aus dem Bauch reißen. Nein - es reicht - sich sorgsam umzuhören, dem Menschen gegenüber die Worte der neuen Zeit abzunehmen und zu erahnen, das der Gegenüber schon ein Ankömmling unter den neuen Menschen für neue Aufgaben ist. Den freiheitlichen Strebergeist in den neuen Menschen zu erkennen, erfordert eine Menge an Arbeit dem eigenen ICH. Nur wenn der innere Gedanke an das Neue aufbereitet ist, dann bin ich bereit den Anwärter für höhere Aufgaben zu erkennen.

Eitelkeit, Arroganz, Selbstdarstellung und den eigenen Karriereweg in den Vordergrund stellend, werde ich nicht der Richtige für diese Mammut - Aufgabe sein und an ihr zerbrechen.

Ich muss delegieren können.
Ich muss vertrauen können.
Ich muss mich verlassen können.
Ich muss meine eigenen Anforderungen herunterschrauben können.
Ich muss nur das eine Ziel den „NEUEN ZEITGEIST" im Blick haben können. Ja - nicht wanken. Ja - nicht zweifeln.
Ich muss einen starken, ausgeprägten Charakter haben!
Ich muss in mir drinnen ruhend sein!

Sicherlich klingen diese Anforderung an die Menschen in den neuen Führungen als zu hoch. Aber das Gegenteil ist der Fall. Viele unserer Mitmenschen haben genau diese Anforderungen Von Anfang an – in sich drin. Sie bringen diese Eigenschaften schon mit auf diese Welt. Natürlich sind diese Menschen einen anderen Lebensweg gegangen, als wie Wir uns das vorstellen. Kein Abitur – Kein Studium – andere Bildungswege!

Doch gerade in diesem für uns so abweichenden Lebensweg liegt das Gold und der Wert dieser Menschen. Ihre Erfahrung aus der Gesellschaft ermöglicht es ihnen an den Menschen nah dran zu sein. Dieses breitgefächerte Verständnis der unterschiedlichen, gesellschaftlichen Schichten und Strukturen lässt Sie einen neuen „Lebensgedanken" leicht umsetzen. Spielerisch können sie das benötigte Material in Form von Organisation oder Human Personal gezielt auswählen und einsetzen. Ihre Effektivität wird sie zu einem Erfolg führen, den sie auf dem „herkömmlichen" Wege nie erreicht hätten.
Dies zu erkennen ist aber schwer, da es oft mit einer Zeit der Geduld gekoppelt ist. Wer es schafft dieses Geduldsspiel zu gewinnen, wird als Sieger aus dem Trubel heraus hervorgehen.
Möge eine höhere Macht uns die Geduld geben, das was wir ändern können zu ändern und das – was wir nicht ändern können zu ertragen!

Thema Rechtsprechung:

Ist es nicht im Jahre 2015 eine Schande, wenn wir als das beste Land der Demokratie immer und immer wieder auf unsere Schuld der Vergangenheit zeigen. Stolz unsere Weiterentwicklung anpreisen und dann eine Rechtsprechung haben, welche aus einer Zeit – 1941 – stammt, als das Menschenleben weniger wert war, wie der Schnöde Mammon und der Besitz?

Nun haben wir uns also vor 70 Jahren aufgemacht, echtes, demokratisches, bevölkerungsreiches Land zu werden.
Eine Rechtsprechung benutzen wir aber aus dem Jahre 1941.

Warum schaffen wir es nicht, diese Urteilsmaschine zu ändern? Es geht genau darum, dass 1933 bis 1941 und danach bis 1945 immer wieder Menschen uns die Richtigkeit der Gesetze erklären wollten, die nur an einem interessiert sind ***Macht und Geld.*** Viel hat sich an der Einsicht der Regierenden nicht bis heute geändert. Die Wirtschaft schmiert die Politik, die ehemaligen Wirtschaftler aus den Unternehmen vertreten jetzt die Meinung in der Politik, alle wollen bei dem Spiel Geld, Geld, Geld um jeden Preis dabei sein. Diese unsere „armen Politiker" nennen sich Volksvertreter, aber das Volk – welches sie vertreten – müsste schon Spitzenpositionen erreichen, damit

sich im monatlichen Geldbeutel auch die Summe von ca. 9000 €
wiederfinden würde.

Ich kann nicht einerseits die Meinung vertreten, ich möchte
bezahlt werden wie ein Bundesrichter, wenn meine ARBEIT nicht
die Qualität eines Bundesrichters erreicht. Sonst könnte auch
der Bäcker sagen, ich mache schlechte Brezen, aber den Preis
für „1 A Brezen" nehme ich schon. Die Politiker machen es ja
vor.
Ist dies das richtige Signal meine Damen und Herren in Berlin?

Besitz wird also deutlich härter geschützt, das Vergehen gegen
den Besitz deutlich härter bestraft. Diebstahl 5 Jahre – ein Mord
vielleicht 3 Jahre. Nun die Nazis haben selbst den Wert eines
Menschen ihrer unwürdigen Sicht so beurteilt. Immer wieder
weisen uns die „Überlebenden" der Naziherrschaft darauf hin,
dass es ein Unrechtsland war. DDR ein Unrechtsstaat? Doch die
Bespitzelung der Bürger scheint ein Phänomen aller Zeiten zu
sein. Egal ob marktwirtschaftlich, demokratisch, sozialistisch!

„Die Menschenwürde des Menschen ist unantastbar!"
-Unbelauschbarkeit – ist der erste Glaubensgrundsatz! -
Dies hat auch die Bundeskanzlerin der Bundesrepublik, als neues
Signal mit in ihre Regierungsschwüre übernommen. Schaden
von jedem Bürger oder jedem im deutschen Land abzuhalten.

Doch die amerikanischen Dauerfreunde, haben den „alten",
„roten" Anpassungskopf ein wenig verwirrt. Ja auch
Pfarrerstöchter sind vor Irrungen der politischen
Überzeugungen nicht gefeit, wenn die Äpfel der Väter nicht weit
vom „roten Zersetzungsstamm" genug entfernt herunterfallen.

Hoffen wir, das die Lehren der Vergangenheit und **sei** die
Vergangenheit auch schon 25 Jahre her, niemals das Vergessen
an die falschen Regime unser Denken, Handeln, Mitfühlen
unterbrechen. Es leben noch sehr viele vom 2. Weltkrieg
Überlebende. Die kennen die Not der Nazi-Zeit. Geistig wie auch
materiell.

Leider leben noch sehr, sehr, sehr viel mehr Menschen nach den
Zeiten dieser unsäglichen Sozialismus Zeit im anderen Teil
Deutschlands, die die Strafen der Stasi, die Bespitzelung des
Staates, die Veruntreuung von Freundschaft und den Verlust der
eigenen Identität auf Grund der „anderen" Einstelllung zu einem
EINIGEN DEUTSCHEN STAAT noch heute bitterlich spüren oder
diese Zeiten noch schmerzlich in Erinnerung haben. Auch diesen
Menschen sei ein neuer Erinnerungsprozess gewidmet. Die
Toten des Krieges haben ihre Aufgabe der Erinnerung im
Bewusstsein erfüllt. Jetzt gilt es den *Lebenden* ein Denkmal der
Würde zu setzen, dass dem Anspruch des Wortes
„DEMOKRATIE" unter einem würdigen Kanzler auch entspricht.

Adenauer hat sich gegen das EINIG VATERLAND und für seine
Kanzlerschaft entschieden. Kanzler unseres Vaterlandes zu sein,
ist eine sehr schwere Aufgabe. Der Bundespräsident
repräsentiert uns und unseren freiheitlichen Gedanken. Aber
der Kanzler oder die Kanzlerin haben immer und immer wieder
die Aufgabe, das Bewusstsein unserer demokratischen Einheit
zu bestärken.

Nicht nur vor einer Wahl ist es wichtig beim Volk nachzufragen,
sondern auch in den Tagen der Verunsicherung des Volkes in
der Arbeit, in der Freizeit oder auf den Schauplätzen des
aktuellen, politischen Lebens in diesem Land und auf dieser
Erde. Staatssekretäre arbeiten im Hintergrund. Sie geben den an
der Vorderfront sitzenden Vertretern der politischen Richtungen
ihre Gedanken weiter, bei dem was sie so in dem Volk erforscht
haben wollen. Ist diese Art der Kommunikation in unserem Land
noch der Zeit mit Handywahn und Elektronik zeitgemäß?

Dieses Land ist in einer Krise. Es ist nicht die Finanzkrise.
Es ist die Krise einer nicht vorhandenen Stabilität.
Keine Stabilität in der Arbeit, keine Stabilität bei den Finanzen,
keine Stabilität in der Vorsorge für das Alter.
„Die Rente ist sicher!" Sicher für die politischen Einheimser - ist
die Versorgung im Alter sicher. Doch der schwer, arbeitende
Bürger dieses Landes, kann nach 40 Jahren keinen ruhigen
Lebensabend verbringen." **Spare in der guten Zeit – die ARGE**

nimmt`s Dir – sei bereit!“ irgendwie ist alles aus dem Lot der Verträglichkeit geraten.

Wäre es nicht wieder schön, sich in einem Land der DEUTSCHEN wiederzufinden, in dem der Bürger wieder seine Rolle als Mensch wahrnehmen kann. Kinder werden nicht mehr geboren, da die Verantwortung der „Anti-Autoritäts-Generation“ diese schwierige Aufgabe der Erziehung nicht mehr so leicht wahrnehmen können.
Die Opa`s und Oma`s der früheren Zeit sind nicht mehr da. Leider sind sie schon fast ausgestorben.

Kommen wir zu dem Schluss, dass sich nicht nur der allgemeine Zustand dieses Landes ändern muss. Politik, Wirtschaft, Kirche und Religion müssen wieder näher zusammenrücken. Dann hat Deutschland wieder eine Chance ein Land der glücklichen, zufriedenen Menschen zu werden. Fremde werden leichter wieder begrüßt, die Arbeitswelt wird neu sortiert und die Chance des Erfolges steigt in der Proportionalität des Glaubens an ein erfolgreiches Leben. Haben die Menschen wieder den Glauben an ein erfolgreiches Leben, geben sie ab, teilen sie und sind mit ihrem Leben in der Zukunft versöhnt. Keiner hat mehr das Empfinden ein Verlierer unseres Lebens und der Gesellschaft zu sein. Die Tür für die Menschen dieser Welt steht dann ganz weit offen, da das Herz unser Mitgefühl für diese Erde neu anspricht. Doch solange sich der Verlierergedanke wegen Geldsorgen auf unser Herz legt, werden wir Schwierigkeiten mit dem Teilen der barmherzigen Liebe und Wärme haben.

Überfluss ist überflüssig.
Mangel ist überflüssig.

Eine Verteilung der Reserven mit einem neuen HERZ im Geben und Nehmen, wäre auch mein Lebenstraum für alle Menschen. Der „Wanderer" – Gedanke ist die Zukunft der gemeinschaftlichen Welt. Hoch fällt runter – Unten steigt auf – wie Phönix aus der Asche – herrlich, dieser Aufstiegsgedanke.

Möchten SIE nicht auch ein schillernder, bunter Vogel sein der seine Bestimmung in der Sicht der Dinge von OBEN sieht, um den verirrten Menschen aus dem Irrgarten des Lebenstunnels wieder mit der Kerze in der Hand voraus zu gehen.
Schnappt euch die Kerzen dieser Welt damit es endlich wieder Licht in der Einöde gibt. Wir haben die Einöde des Überflusses und doch kann der Teufel uns jederzeit fragen, ob er uns versuchen darf. Viele sind dafür empfänglicher in der Welt des Konsums ihm zu folgen, als es jetzt noch den Anschein hat. Wir erkennen ihn im Moment nicht und lassen es zu. Doch wehe wenn die Falle des „Falles aus der großen Höhe" eintritt. Auf

dem Boden windend liegen wir dann und hoffen Gott möge uns aus dem Jammertal befreien.

Der ERFOLG – ist ein Freund, welcher seine warme Decke um einen Menschen legt. Ist der Mensch bereit, seinen Erfolg gut einzusetzen, dann wird sich der Erfolg auch vermehren. Doch wir wissen es nicht besser. Haben Angst um unsere Zukunft. Das ist eine Prägung unserer Eltern aus der alten, strukturierten Zeit der Kriege und der Nachkriegsängste.

Alle hassen Amerika oder die Einstellung der Amerikaner. Aber eines haben sie uns allen weit voraus – einen Willen zum erfolgreichen Wirtschaften. Auch wenn es klein losgeht, kann jeder mit ein wenig Grips aus seinem Leben etwas machen.

Thema: Eitelkeit!

Schon sind wir bei einem Thema, das sich geradezu anbietet, wenn wir von dem großen, mentalen Geist sprechen. Die mentale Freiheit mit einem großen Geist zu arbeiten, bietet auch immer ein Risiko. Nämlich das Risiko, bei dem Unterfangen die Erkenntnisse umzusetzen, sich zu verzetteln. Die eigene Energie verleugnend, passen wir nicht auf. Schon hat sie uns am Haken. ***DIE EITELKEIT!***

Die Eitelkeit ist wie ein Teppich aus dem Orient.

Sie ist keine warme, schöne, flauschige Zudecke.

NEIN sie umhüllt uns wie der angesprochene Teppich,

rollt uns in ihr Innerstes und behindert uns dabei sich der

eigenen Kreativität zu erinnern.

Schon hat sie Besitz von uns ergriffen. Legt uns Worte in den Mund, die wir nicht gedacht haben und verleitet uns zu Taten, die zu unserem Wesen nicht passen. Die Rüstung der Eitelkeit ist wie ein Goldpanzer. Wehe wenn DU nicht aufpasst. Im Spiegel der Eitelkeit wirst DU geblendet, von dem Gold das du dir selber aufgelegt hast. Realitätsverlust, Uneinsichtigkeit sind die Folgen deines „eitlen" Handelns.

Jedoch der größte Preis, welchen du bezahlen wirst, ist die Einsamkeit deiner eigenen Person. Denn „DEN" eitlen, arroganten Menschen werden die Menschen meiden. Auch wenn das Herz immer noch die Liebe des Wanderers in sich trägt.

Sei also immer auf der Hut. Prüfe deine Worte und dein Handeln. Bist du der Überzeugung Worte und Taten sind in einem Einklang - der zu dir passt, dann gehe konsequent DEINEN Weg weiter. Du bist dann von deinem Herzen geleitet und beschützt sei auch deine Seele.

Eitelkeit in einem 20%tigen Anteil bringt dich auch weiter.
Sie treibt dich zu Leistung und Willen. Sie fordert den Umgang
mit dir selber auf das Beste heraus.

Thema: *SCHÖNHEIT!*

Haben wir nicht schon den Schönheitswahn der 50er und 60er
überstanden, so müssen wir uns heute dem Schönheitswahn des
Menschen aus der Sicht der Magersüchtigen beugen.
Wenn wir nicht aufpassen!

Dies kann nicht richtig sein.
Wir erinnern uns der Schreckensbilder aus den Nachkriegstagen,
als die Skelette der halb verhungerten Häftlinge aus den
Konzentrationslagern geborgen wurden. Nie mehr sollte ein
Mensch durch Menschen verursacht, so in seinem Leben
ausschauen. Und die Model`s der Neuzeit kommen in ihrem
Magerwahn den Bildern nach `45 gefährlich nah. Was hat sie
dahin gebracht?

Es ist die Versuchung in Form eines Teufels, der sich Schönheit
und Ideal nennt. Wer hat dieses Ideal geprägt? Menschen in
Form von Männern, welche ihre eigene Schönheit – ihr eigenes
Wesen selbst noch nicht erkannt haben.

Sie wollen Meinungen zu Schönheit etablieren, Richtlinien darstellen, Formen des menschlichen Seins - sich als Modegott auf die Fahne schreiben. Eitelkeit – hat ihnen den Blick auf ihr unfertiges, eigenes ICH verblendet.

Wenn die „verblendeten Modemacher" sich wieder der antiken Kunst um RUBENS oder auch Moliere zuwenden, werden sie die wahren, weiblichen Rundungen erst zu schätzen wissen.

Die starke, rundliche Rubensfrau ist in der Lage starke, gesunde Kinder zu entwickeln.
Sie kann in ihren rundlichen Hüften dem zu entstehenden Kind, die Umgebung der Sicherheit schon in den Entstehungstagen mit auf den Weg geben.

Möchten SIE - als Kind ein Gerippe zur Welt bringen?
Möchten SIE - als Mutter verantworten, dass sich ihre Tochter ab dem 12. Lebensjahr aus Schönheitswahn jeden Tag den Finger in den Hals steckt?
Nur um der „scheinbaren Schönheit" Willen?

Schon die Maus sagte zu der Giraffe die von dem vielen, kalten Eis im Hals schwärmte: ***Heute schon gekotzt?*** Dies macht alles deutlich. Sorgen sie dafür mit Güte, dass ihre Töchter mit der Schönheit ihrer „Mütter" ohne Eitelkeit und Magerwahn KEINE eitlen Giraffen werden.

Nehmen sie sich die Zeit, wenn ihre Tochter in ihrer Pubertät das Thema Schönheit für sich entdeckt, die ihr Angeborene, natürliche Schönheit neu zu entdecken und die Leidenschaft, die in ihr ruht in Geduld abzuwarten.

Zeit ist in den Tagen der weiblichen Entwicklung eine Thema, dass so unscheinbar erscheint. Doch Zeit ist das Glück. Die Frau die sich ihrer selbst bewusst ist, weiß dass die Zeit für SIE arbeitet. In einer guten Birne schlummert der BRANNT - Geist, welcher durch Destillation aus ihr herausgeholt werden kann. Doch der Geist muss erst in der Zeit des Reifens am Baum, durch viel Sonne und Energie in ihr angelegt werden. Diese Sonnenreife im Zuckergehalt der Birne versiegelt, garantiert einen guten Geschmack. Dieser Geschmack wird sich dann auch in einem „destillierten Geist" wiederfinden.

Die Franzosen schaffen es, die Birne gleich am Baum in der Flasche reifen zu lassen. Diese Birnenqualität ist unübertroffen. Drehen wir die Birne um, so haben wir das weibliche Organ, welches uns die süßen Baby Gefühle erst möglich macht.

Wie – ist dies wirklich ein Zufall?

Die Williams-Birne ist die saftigste, fruchtigste Birne unter ihren
Arten. Dann hat sie auch den höchsten Saftanteil. Schon haben
wir wieder das Gegenstück zur fruchtbaren Weiblichkeit.
Eine Birne im Schoß der Frau ist das magische Geschenk zur
Verbreitung der menschlichen Rasse. Geist & Wahrheit auf
kleinstem Raum vereint.

Hoffen wir, dass nach dem Geist und Wahrheit sich das System
für jedes neue Kind einsetzt. Sie haben es alle verdient.
Ob nun Genie oder Wahnsinn dieses neue Leben beherrscht,
liegt an unserem Handeln an dem kleinen Wurm.

Glaube & Religion im Wirken an den Menschen?

Die Menschen ziehen sich von den Religionen zurück.
Sie finden keine Erlösung mehr. Sie finden keinen Trost mehr.
Sie finden keine Antworten mehr.

Ausgerechnet in den Umbruch katholischer
Religionsgemeinschaft, kam in den letzten Jahren nach 2010 die
Ungeheuerlichkeit, des sexuellen Mißbrauchs durch geistige
Würdenträger auf die Tagesordnung des gesellschaftlichen
Lebens. Päpste trauen sich nicht, den Besen zu schwingen.
Den Saustall ordentlich auszukehren, den Müll rauszuschmeißen
und mit einem neuen Strohgemisch den „Stall und das Ansehen"

Christi wieder ins Lot zu bringen. *ER* kam auf Stroh gebettet zur Welt. Nackt und frierend. Doch ein Kardinal wollte sogar aus dem goldenen Trog fressen wie ein Schwein. Habsucht, Eitelkeit, Protz und dies im Zeichen der Unverschämtheit, den armen Völkern dieser Welt aber auch noch gleichzeitig vorzuschreiben, wie – wann – mit – oder ohne Gummi – sie sich zu lieben haben.

ES REICHT!!!

Die goldene Krone des Papsttums ist Gott sei Dank im Schrein der Geschichte eingemottet worden. Petrus und Paulus befinden sich, so glaube ich - in einer Dauer - Rotation.

Die katholischen Würdenträger (nebst angehenden Päpsten) haben geschlagen und sich ihrer Überzeugung nach, in einem Rausch aus Herrschsucht ein imaginäres Reich der Herrlichkeit erbaut. Doch Franziskus ist in der Lage, dieses Reich einem „Neuen Geist" zu widmen. Einem Geist der die neuen Richtlinien des -Mensch sein- als neues Ziel haben wird.

2015 - Menschen rennen über die Erde, um ihr bisschen Leben zu schützen. Ein „Islamischer Staat" glaubt er müsste sich verbreiten, wie ein Zeckengeschwür. 40.000 Kinder sind jeden Tag Opfer des Hungers und der Nöte dieser Welt. Ja – wir sehen hin, spenden 5 €. Das ist der gute Anfang.

Blind sind wir geworden in unserer demokratischen, eitlen, deutschen Eigensinnigkeit. Noch während wir uns also wiegen in der Güte unseres Seins – verliert ein Kind sein Zuhause.
Stirbt ein Kind durch häusliche Gewalt. Wird die Nachbarin im Block gegenüber halb tot geprügelt von dem versoffenen Ehemann den ja jeder kennt und fürchtet. Es fehlt uns noch an Mut – aufzustehen und dem fehlgelaufenen Leben in den Köpfen der anderen Menschen Paroli zu bieten.

WARUM?

Der Schutz unseres Lebens durch die Justiz in unserem Land ist in einem Masse aufgeweicht, dass der Damm an unserer Nordseeküste einem Sandwall aus Mehl gleicht.

Mord bedeutet heute vielleicht 4 Jahre Haft.
Totschlag vielleicht 3 Jahre und der Verlust von einem Eigentum durch Diebstahl (5+)wird härter bestraft, als der Verlust des Lebens eines Menschen in unserer Gesellschaft.

Die Hyäne hat ein sehr kollektives miteinander Umgehen, davon können wir lernen auch im sozialen Umgang.
Nicht wir sind Hyänen, nein nur wer da die Zähne gegen das kollektive Beisammensein fletscht, stört die Gemeinsamkeit.

Ich suche das Paradies der menschlichen Gesellschaft.
Damit der Mensch neu aus der Höhle tritt und im zweiten Anlauf die Erde zu dem macht - was sie sein soll.

EIN PARADIES: SIE HÄTTE ES VERDIENT!

Dazu bedarf es aber der Korrektur durch Gottes Hand.

Mentaler Geist – menschlicher Wille – unbürokratischer Einsatz sind die Vorrausetzungen für ein Wunder. Wir selbst können es schaffen, dass diese Erde uns nicht von sich verbannt. Mit einem kollektiven Handeln im HIER und JETZT ist es möglich, aus den Fehlern der Vergangenheit zu lernen. Pflanzen wir den Kindern nach uns, die Umsicht ins Herz, es gibt nur diesen einen Garten Erde. Ihr habt alle Möglichkeiten. Der Everest der Emotionen ist das Geschenk des blühenden Gartens. Verderbt ihn euch nicht selbst. Es kann der Mensch das wunderbarste Schöpferwesen sein. Doch ist er sich des eigenen, zerstörerischen Tun`s an sich selbst nicht bewusst. Helfen wir den verirrten Schafen, den Anschluss wieder an die Herde zu gewinnen. Lassen wir sie im Stall zur Ruhe kommen, geben wir den Verirrten eine Pause des unkollektiven Wütens und binden wir sie wieder in das MITEINANDER ein.
MITEINANDER – ist der Schlüssel zu einem großen Erfolg.

Unsere Wirtschaft lehrt uns, dass der einzelne Mitarbeiter zu Höchstleistungen fähig sein soll.

Keine der höchsten Kulturen unserer Erde wurde von einem Menschen allein geschaffen. Es war das kollektive Miteinander. Nun noch das ganze ohne Peitsche, Knute und Rute und der Mensch steht im Handeln seines eigenen Erfolges.

Ehrliche Motivation in Form mentaler Sprache und der Mensch fühlt sich verstanden. Immer ist der MENSCH der Mittelpunkt unseres Handelns an ihm. Lassen wir wieder den Geist des kleinen Kindes herrschen. Dann kann nur Qualität unsere Kreativität beeinflussen.

ERFOLG:

Was ist Erfolg? Das ich viel Geld habe? Vielleicht!
Dass ich EINE Sache beherrsche? Unter Umständen!
Dass ich alles besser als andere kann? Vermeintliche Stärke!

Erfolg ist Kraft, aus einer Niederlage so gestärkt aufzustehen, dass mich der nächste Tiefschlag kurz etwas ausbremst, aber niemals mehr in die Verzögerung meines steilen Aufwärtsweges verleiten könnte. Niemals mehr ist der Weg aufzuhalten, den der Wanderer für uns vorgeschrieben hat.

Versuche nicht oder besser niemals – den Weg des mentalen
Geistes aufzuhalten. An der Hitze der Energie verbrennst du dir
die Finger. Lass Dich führen in der Geduld des richtigen Erfolges.
Es braucht Zeit und Nachsicht mit dir selber.
Aber auch ich glaube daran, dass der ERFOLG umso
langanhaltender sein wird, je länger wir uns auf ihn freuen. Mit
der Freude in den Erfolg gehen, wird seine Früchte bringen.
Vielleicht wird der gewünschte Erfolg sogar schneller zu DIR
kommen als du es erahnen kannst! SEI BEREIT!

Sei bereit, wenn der Sturm der Liebe und des Erfolges dich
bewegt. Auch starke Emotionen zu zulassen, kann ein Erfolg
sein. Den Männern ist es peinlich, wenn sie Gefühle oder Tränen
zeigen. Doch macht sie die Träne unter den Augen erst zu den
Menschen, die die Frauen wahrlich suchen. Gefühlsbetonte
Kerle!

Was ist Geduld?

Geduld ist die Gabe, sich mit den kleinen Schritten auseinander-
zu setzen, die wir in unserem Tun & Handeln nicht als großen
Schritt ansehen würden. Das eigene Haus, das große
Grundstück, das schnelle Boot, die Super-Yacht. Ein gut gefülltes
Bankkonto, welches uns glauben lässt, so nun haben wir
ausgesorgt.

Gab es nicht schon in der Bibel diesen armen Kerl, der die Scheunen abbrach, neue baute, seine Ernte einfuhr, feierte in Saus und Braus und lachte über sein Vermögen? Doch Gott nannte ihn einen Narren. In der Nacht forderte er dem reichen Mann sein Leben ab. Und wie arm war doch der „reiche" Gnom vor Gottes Antlitz? Was nützte ihm sein Reichtum? Nichts!

So ist es wahrscheinlich besser, in einem Leben zu leben, dass nicht von Protz und Reichtum überläuft, aber dem wahren „ICH" mehr entspricht. Wenn man sich gefunden hat.
Sicherheit - gibt es weder in der Armut noch im Protz und Proll.

Die Fallhöhe ist nur sehr unterschiedlich.

Während der scheinbar arme Mann sein Leben teilen kann, kleine Erfolge sich zu einem Großen verbinden, wird der REICHE SCHNÖSEL immer von Gier, Habsucht und Eitelkeit umgeben sein, diesen Anspruch bei sich selbst auch zu verwirklichen.

Geduld – ist der Grundstein zu größerem Erfolg.
Was nützt es, wenn ich heute kurz reich und berühmt bin, aber übermorgen weiß keiner mehr meinen Namen und das Geld ist auch noch fort. Alle haben sich an meinem Trog satt gefressen und schon zieht die Karawane weiter.

Die Kamele der Karawane sind immer hungrig und auch durstig.
So ist nicht immer damit zu rechnen, dass es auf der Reise von
Hab und Gut zu Protz und Proll immer friedlich zugeht. Schon
die kleinen Ferkel streiten sich nur zu gern um die Zitzen an der
großen Sau.

Lassen wir uns nicht blenden.
In der Gesellschaft regiert im Moment das Recht des Stärkeren.
Alle Werte von vor 25 Jahren sind durch die Ereignisse von 2001
und die Finanzkrise von 2008 zu einem Rann auf die Positionen
geworden. Die ein Einhalt dieses Wahns im Moment nicht mehr
erkennen lässt. Fachwissen ist in erworbenem Zustand nichts
mehr wert. Alle möchten am liebsten aus der billigen, dritten
Welt kommen, ein Hilfsarbeiterniveau an den Tag legen, damit
sich die Manager an den Ersparnissen ihrer Ausgaben ergötzen
können. Prämien sichern den hohen Etagen die profitablen
Lebensstandards. Unwissentlich egal, ob der Familienvater nicht
mehr weiß, wie er die Familie ernähren soll.
Der Urlaub in der Karibik ist immer gesichert. Schließlich waren
wir ja sooooo... fleißig beim Rausschmeißen der Angestellten.
Die Gewinnspanne wurde verdoppelt. Die Prämien laufen. Der
nächste Porsche Panamera ist gesichert. Das Partybier im
Villengarten ist schon kalt gestellt.

Wehe wem das alles so scheint, als es müsste es immer so
weitergehen? Freier Fall ist etwas für Base - Jumper.
Nicht für verwöhnte Manager oder Managersöhnchen.
Erstaunlich ist immer, wie doch der Spross solcher
Emporkömmlinge immer den gleichen Weg geht.
Alles ist ihnen schon so bereitet, dass sie sich nur noch auf den
leichten Weg machen müssen. Das Bettchen ist immer schon
gemacht.

Charakterbildend ist diese Art & Weise eigentlich eher nicht.
Daher sind die Probleme mit den Folgeschäden ja auch so
gravierend. Nicht die sozialen Absteiger haben eventuell die
größten Probleme. Nein — es sind genau die vom goldenen Löffel
verwöhnten Aufsteiger, die im Falle des Falles — alles falsch
machen könnten. Es ist ihnen nicht geläufig, wie es das Leben
leicht macht - zu Leben. Daher ist es immer gut, von den Hohen
und den Tiefen Erfahrungen des Lebens ein paar im Rucksack zu
haben. Den Lebensrucksack ständig neu zu packen, ist eine
Kunst, wie sie der Fallschirmjäger bei der Bundeswehr tagtäglich
übt. So ist es auch im richtigen Leben. Ohne Ausmisten kommen
wir nicht auf den Mount Everest des eigenen Lebens.

Maria Magdalena auf den Fersen:

Ist sie die vollbusige Frau und Verführerin, deren Namen uns
immer gleich einfällt? Nein.
Sie ist die Frau, deren Name mit der Liebe Christi in einem
Atemzug genannt wird. Nicht als Eheweib, sondern als Weib
dessen innerer Verstand ihr sagte: Verändere Dein Leben!

Erinnere Dich wer du bist oder wer du sein willst?

Ohne Gnade von oben, werden wir wahrscheinlich unserem
eigenen ICH lange nachlaufen. Seine Hilfe beim Erkennen der
eigenen Möglichkeiten wird uns fordern. Doch es wird uns
weiter bringen als der Stillstand. Lernen wir uns auf das Herz zu
verlassen, mehr als auf unseren menschlichen Verstand.

THEMA: DIE DEUTSCHE JÄGERSCHAFT

Die Jäger in dem deutschen Land,
sind für die Ehre wohl bekannt.
Doch scheint – **eins** Schützen Ehr in Not,
ist ein geschützter **„LUCHS"** erst tot.

Auf Gott und Ehr wird da geschworen,
dem Weidwerk sei es angeboren,
dass nur die Jagd im Fall des Falles,
das Recht sich nimmt dann über Alles.

So scheint im Wald des Bayrischen,
manch Jäger im Lateinischen,
des Rechts und der Moral verloren,
hat sich dem Mammon auserkoren.

„Diana" selbst geht auf die Jagd,
so sei es **Dem** - der Übel tat,
wohl heut schon auf den Leib geschworen,
zieht sie bald lang dem „Schütz" die Ohren.
„Diana" selbst den „Schütz" nun sucht,
so dass er dann sein Tun verflucht.
Sie hetzt den Täter bis zur Stund,
hängt dem bald selbst der Zweig aus Mund!!!

Oh Ehrerbietung an dem „Wild“,
so dass es dann auch Recht dem gilt,
der sich aus schroffer Dummheit hier,
als Wilddieb gab aus Mannes Gier.

So sei`n die Jäger all entlastet,
die sich dem Weidmanns Dank erfasstet,
durch braves Jagen bei Fasan und Hirsch,
Erfolg auch an der nächsten Pirsch.

Dem „Euroluchs“ in unserm Fleck,
sei Dank das er noch blieb so keck,
dem *Einzel-Forstleut* mit Gewehr,
wünsch ich mir mehr Verstand dann her.

„So`n wildes Tier im deutschen Wald,
so was geht gar nicht – abgeknallt!“
Das einzig Zweibein dummes Vieh,
gehört ins Kühlhaus vis a vis?“

Nur echter Jäger im Grünen Frack,
erlaubt dem wahren Freudentag,
ganz fest mit all`n zu jubilieren,
gemeinsam mit den „WILDEN“ Tieren.

Da plötzlich nach Jahren des Überlegens, des Kämpfens und des unermüdlichen Denken`s kommt es dann über Dich oder auch Mich. DU erkennst eines Morgen`s Deinen wahren Sinn des Lebens.

Ich bin - der ich bin! Dazu brauche ich keine Visitenkarte, keinen Roman, keine massenhaften Bücher und keine Mastercard. Das „ICH BIN" ist wertfrei und dadurch kraftvoll. Was auch immer Du oder ich tue, es kommt darauf an, bei seinen Leisten zu bleiben wie der Schuster.

Handle einfach nach dieser Devise und es werden wahrscheinlich ungeheure Dinge passieren. Erinnere Dich nur immer wieder an deinen Grundsatz: ICH BIN ICH!
ICH BIN DER - ICH BIN!

Sehen wir die Chance, dass die Kinder, welche uns nachfolgen durch die Eltern in ihren Ansichten dahin gehend weitergeleitet werden, um mit dem Alter des verständigen Erwachsenen eine gute Lebensphilosophie zu haben. Eitelkeit und Übermut würden die kleinen Persönlichkeiten früher oder später auf die schiefe Bahn des Lebens bringen. Dies kann ich aus eigener Erfahrung nur bestätigen. Was immer du Tust, sei immer Dir treu bei deinen Unternehmungen. Die Menschen werden es dir wahrscheinlich mit mehr Achtung danken, als Du in deinem „alten ICH" erwarten konntest.

Freude – ja pure Freude empfinden darüber, mit einem plötzlichen Erkennen deiner innersten Empfindung ein neues besseres Leben anfangen zu können. Dabei bleiben und dir immer wieder sagen - ich bin ich.

Freiheit – kommt nun dazu, dem Herz die Möglichkeit zu geben frei zu agieren. Den Menschen offen begegnen und mit einem Lächeln die Menschheit zu erfreuen und zu beglücken.

Ja – das innere „Ja" zum Leben mit dem Herz in der Hand und auf der Zunge. Es ist ganz einfach und die Strahlkraft des „mentalen Geistes" steigt von ganz allein.

Die Situation nicht mehr aus der Hand geben und die kleinen Dinge sehen als die kleinen Dinge. Doch haben sie große Auswirkungen auf Dich und somit auch auf die Menschen die dich umgeben. Hast du Angst vor der nächsten Situation? Erinnere dich deines neuen Glaubensgrundsatzes „ICH BIN DER ICH BIN".
Nun Mose bin ich nicht und stand ich auch nicht auf dem Berge Sinai, um mit dem brennenden Busch zu sprechen, doch ist die

Kraft des mentalen Geistes die selbige. Denn sie stammt von Gott Vater, Sohn Jesus Christus und dem Heiligen Geist.

Die Trinität – ist es - die uns immer wieder auferlegt. Scheinbar können wir es nicht tragen. Doch liegt es an uns, bereit zu sein, welchem Aufleger auch immer, zu sagen, er möge doch seine Pakete bitte schön alleine tragen – basta!

Nein sagen können – ist in unserer Zeit des verrückten Lebens eine der wichtigsten Eigenschaften. Zum Schutze der eigenen Persönlichkeit und Seele vor den Teufeln dieser Welt.

Teufel sind dabei nicht die „Roten Kesselbetreiber" aus dem alten Testament der Katholischen Kirche, nein die wahren Teufel sind die „einzelnen" Seelenfänger in Politik, Wirtschaft, Kirche und Gesellschaft, welche mit dem starken Willen Ihres Denkens des „ICH BIN ICH" und nur ich habe recht - die Menschen in die falschen Richtungen lenken wollen.

Gehe weg Versucher – elender Hund mit dem roten, glühenden Stumpf deines nackten Hintern`s und **lass uns Menschen – Menschen sein.** Der sich entschließende Mensch, Christi Nachfolge anzutreten und seinen Weg zu gehen, möge von den Unebenen des Lebens verschont bleiben. Die Menschen – welche diesen Weg behindern wollen zu ihrem Nutzen bleiben bitte außen vor.

Anti – Ungeziefer – Spray wirke bitte weitreichend gut vor.
Fliegen und Mücken und Schnacken und Bremsen gelten als
Blutsauger. Doch die wahren Blutsauger kommen – ANDERS –
daher.

Bitte Menschen seid wachsam. Sagt die Wahrheit und drängt die
Lüge der Menschheit in die Ecke der Verdammnis zurück – aus
welcher SIE vor ca. 15.000 Jahren mit der Entstehung des
humaniden Menschen gekrochen ist.

Wenn ihr den Blick auf das Cover dieses Buches werft, mit
Eurem Herz in der Hand, dann wünschtet ihr doch auch, der
KOMET zu sein, der da durch die Galaxien fliegt.

Seid getröstet meine lieben Mitmenschen ihr seid schon der
KOMET der Wahrheit. Ihr brennt mit eurem Sein die Lüge weg.
Ihr schafft Platz für reinen Geist und reine Kinderseelen.
Die Umwandlung durch „TRANSFORMATION" in der Form des
Feuers ist in vollem Gang. Geht ihr den neuen Weg? Oder lasst
ihr euch durch das Feuer hinweg brennen! Es ist Eure
Entscheidung! Ihr wählt den Weg eures Tuns und Handelns.
Versündigt euch dabei nur nicht gegen die Macht des – Geistes.

Dann könnt ihr ganz befreit leben und agieren denn der Herr ist
mit den Seinen tüchtig. Ich bin – im wir sind – macht uns zu

einem Wesen deren Auswirkungen des Handelns uns sehr viel mehr bringen wird, als wir jetzt im Moment ahnen können. Habt keine Angst den neuen Weg zu gehen, denn es wird euer Weg sein, den ihr geht. Er ist euch vorbestimmt. Damit ihr des Handelns am Menschen fähig werdet.

THEMA: Kinder und ihre Eltern

Habt ihr sie auch schon einmal so beobachtet wie SIE sind? Die Kinder der Generationen, die in den 80er Jahren selber noch Kinder wahren und sich jetzt anschicken, unsere Rentenverdiener zu erziehen?

Die wenigsten schaffen es, dem alten Trott der 80er Anti-Autoritätserziehung mit ihren Auswirkungen auf die heutigen Verhältnisse entgegen zu wirken.

Den so scheinbar kleinen Wesen muss zeitig erklärt werden, dass es nicht immer alles gibt was man will. Ihnen muss auch gezeigt werden, Besitz ist eine Sache – an der man sich mehr freut, wenn man sie erarbeitet hat. Nicht - dass mit 18 Jahren all der in den Hintern geblasene Zucker, sich dann mit 22 als Charakter verlorener Eigenbrötler darstellt. Verwöhnte Snobs hat die Gesellschaft schon mehr als genug.

Überraschen lassen wir uns aber in der heutigen Zeit immer wieder gern. Wir freuen uns, wenn die kleinen Kinder mit den reinen Seelen schon ihren eigenen Willen des auch NEIN sagen - entwickelt haben. Der Verstand was ein Kind will oder braucht ist weiterentwickelt, als es in den 60er oder 70er oder auch den 80er Jahren des letzten Jahrtausends für uns jemals vorstellbar war.

Beispiel einer Beobachtung aus dem Urlaub:

Da sitzen die Kinder am Tisch und sollen ihren Teller aufessen, mit der Menge die die Eltern ihnen aufgehäuft haben. Diese Menge schaffen sie aber nicht, da auch die spielende Kinderschar lockt. Schon ist das Geschrei auf beiden Seiten groß.

Die Eltern, ob nun Vater oder auch Mutter, haben aber vergessen, dass es nur einen **kleinen** Kindermagen gibt. Das 2-jährige Kind, hat nicht den ausgeleierten Magen von den Fast-Food-Eltern die vor lauter Handy spielen beim Essen, ihre Geschmacksnerven in den Bereich der „Geschmacklosigkeit" gearbeitet, getippt, gesimst oder vermailt haben.

Was für eine degenerierte Fraktion von jetzt erwachsenen Eltern ist denn da am Werk, wenn sie doch selber noch gelernt hätten.

Erst mal essen - dann wird weitergespielt. Noch schlimmer ist es, wenn sie ihre Kinder zum Waschen der Hände zerren, vor dem Essen, aber ihre eigenen Dreckpratzen kriegen nach dem Tag des Tuns - auch mit Toilettengang - kein Wasser oder Seife zu sehen. Diese „kleinen Groß - Sauferkel!"

Vorbildfunktion – bedeutet dem kleinen Wesen ein positives Bild vorleben. Das Beispiel endet in der Erkenntnis, dass Menschen sich oft als junge Paare Kinder wünschen, aber eigentlich einen **„ELTERNFÜHRERSCHEIN"** bräuchten.

Doch es gibt immer wieder Hoffnung! Ich gebe sie nicht auf!

Die neue Zeit so sagte mir eine kluge Frau in diesen Tagen, sei schon angebrochen. Alles gesagte oder geschriebene Wort, habe schon seinen Platz in der Registratur der „geistigen" Welt. So seid euch immer bewusst, mit welchen Worten ihr eure Mitmenschen bedenkt. Auch wenn die Kraft der inneren Werte und Wut euch dazu drängt, „böse" Worte zu versenden, widersteht der Versuchung und schickt allen Menschen in EUREM Lebensumfeld – immer und immer wieder etwas Besonderes.

„LICHT & LIEBE" immer wieder ***„LICHT & LIEBE!"***

Bis die Menschen nicht mehr dieser Kraft ausweichen können und ihr Herz sich öffnet. Nur dann können sie auch die unguten Gedanken im Leben loslassen und am Ende ihrer Tage sich ganz und gar auf den Willen des Herrn einlassen. Nur dann werden Sie zufrieden in den Schoß Christi fallen können. In seinem Schoß ist immer Ruhe und Frieden. In seinem Schoß ist immer *„Liebe und Licht"!*

Auch DU Leser dieses Buches – Du Nachfolger des Wanderers! Es wäre toll, wenn auch Du Dich der *LICHT & LIEBE* Verbreitung anschließen könntest. Die Dunkelheit in der Welt könnte sich so aus den Herzen der Menschen langsam verziehen.

Thema: Pferde und ihr Schläue

Da glauben wir doch alle, dass die armen Viecher von Pferden zwar einen großen Kopf haben, um reichlich Stroh zu fressen. Doch betrachten wir die Tiere genauer, bei längerer Beobachtung, so erkennen wir das liebevolle, intelligente Wesen. Sicherlich ist es schön im Urlaub als kleines Mädchen den Pferde – oder Ponytraum zu träumen. Doch vor der Freude über den ersten Ritt, macht sich der Unwille schnell ein Gehör, da das Vergnügen mit dem Reiten - einer Stunde Arbeit am Pferd mit bürsten, striegeln und dem Pflegen der Füße vorher einmal - seine Aufmerksamkeit einfordert. Schon sind die die Pferdeprinzessinnen nicht mehr so schnell von dem Reitvergnügen begeistert. Warum auch muss ich den Stall denn wirklich jeden Tag ausmisten? Und die Arbeit mit dem Mist und dem Stroh und dem Sägespäne einstreuen. Dann auch noch die Futterzubereitung! Wann kann ich da mal mit den Freundinnen spielen? Eine Woche auf dem Reiterhof oder Reitverein, schon ist der Traum von dem Pferdesport ganz schnell vom Tisch. Mutti und Vati werden es den Pferden danken, da Ihre Art des Lebens ganz schnell die Mädels überzeugt.

Thema: Das eigene ICH finden im Leben

Ich habe die Erfahrung gemacht, dass mein ganzes Leben aus dem Ruder gelaufen ist, weil ich vermutlich den falschen Geistern hinterher gejagt bin.

An die Menschen in der Gegenwart und in der Zukunft, möchte ich die unbedingte Bitte richten, in Fragen der Ehrlichkeit zu allen jenen Menschen in ihrem Umfeld immer aufrichtig und ehrlich zu sein. Wir glauben immer, Kinder vertragen und verstehen nicht die Worte die wir ihnen sagen. Doch hört den Eltern zu – sie sprechen zu ihren „Kindern" immer als wären es 45 jährige Erwachsene.

Machen wir uns nichts vor, es gibt in den unterschiedlichen
Gesellschaftsordnungen dieser Welt auch Unterschiede in den
Möglichkeiten der einzelnen Menschen, ihre individuellen
Fähigkeiten auszuleben. Scheinbar haben manche Menschen
Defizite ihrer geistigen „Fähigkeiten". Doch liegen die
Möglichkeiten der „titulierten Behinderten" in ihrer
Einzigartigkeit.

Jeder Mensch ist einzigartig. Jeder Mensch bringt
unterschiedliche Dinge mit, die bei richtigem Einsatz zu einer
friedlicheren Erde beitragen können. Wer mit den Händen lacht,
kann dabei keine Waffe mit sich herumtragen.
In seinem Herzen blüht nicht der Hass. In seinem Herzen ist
Platz für die Liebe zu den Menschen. In den Zeiten des Hasses
der Menschen zueinander, im Kreislauf des Hasses und Neides
kann das Wachstum der Liebe nur förderlich sein. In der Liebe ist
es möglich, dass Menschen aufeinander zugehen. In der Liebe ist
es möglich, Menschen wieder zu versöhnen. In der Beziehung
zueinander genauso wie in der Zuneigung zu den Menschen
ihres Umfeldes.

Gebt Euch Mühe den Kräften dieser Erde den Raum zu geben,
sich zu entfalten und sich durchzusetzen. Die Menschen haben
es verdient, eine schöne Welt betrachten zu dürfen. Heute oder
am Morgen als Kind dieser Welt.

Thema: Liebe zu den Menschen

Es mag heute ungeheuerlich erscheinen, aber in den meisten Abschnitten dieser Welt, ist die Liebe eine Kraft, welche unbekannt erscheint. Da wollen sie in den afrikanischen Ländern als „Islamische Bewegung" den Glauben von Mohammed verbreiten, aber sind nicht in der Lage Liebe zu geben.
Angst, Schrecken und Gewalt soll die Menschen gefügig machen. Damit alle diesen verirrten Schafen von „Islamischer Bewegung" den Anführern zu Diensten stehen. Scheinbar sind diese Narren mit der Waffe in der Hand, nicht mehr in der Lage sich zu erinnern, dass die - ihre **Mütter** und **Frauen** - ihnen ihren Babyhintern sauber gemacht haben. Auch haben sie den Frauen zu verdanken, dass sie etwas Essbares bekommen haben. Vielleicht wäre es besser gewesen, diese Kinder wären - wie in anderen Gebieten dieser Welt - dem Hunger erlegen und dafür hätten ein paar im Geist unschuldige Kinder mit einer Hand mehr zu essen im Leib überlebt.

Die Welt wäre friedlicher in der heutigen Zeit.
Ja, mögen sich irgendwelche Menschen an den Worten stören. Doch nur durch das Wort oder die liebende Tat ist es möglich Menschen in den anderen Teilen dieser Welt von einer besseren Idee zu überzeugen. Bei manchen braucht es auch den Schlag der Erkenntnis.

Thema: Sehe ich die Blume noch?

Die Blumen – die den Weg unseres Lebens säumen haben eine wichtige Funktion. Bienen ernähren – ältere Menschen erfreuen – Kraft für Grasfresser zur Verfügung stellen – uns unserer Nichtigkeit bewusst werden lassen. Wie wenn wir auf dem Mount Everest stehen und plötzlich wird uns klar, 8000 Meter überragen uns. Die Welt liegt uns quasi zu Füßen, doch nur bei gütiger Fügung des Wettergottes werden wir die grünen Wiesen im Tal auch lebendig und wohlbehalten wiedersehen.

Sehe ich die Blume noch?
Bekomme ich mit, dass das Gänseblümchen immer wieder uns wie die Sonne erfreut? Rosen werden gern verschenkt, um der Angebeteten unsere besondere Liebe zu zeigen. Doch auch ohne Rose sollten wir nicht vergessen, dass die Liebe da ist.

Was hat „mentaler Geist" mit dem Gänseblümchen zu tun?

O ja, sehr viel. Du musst nur einmal einen verzweifelten Menschen fragen, wann er das letzte Gänseblümchen ganz bewusst gesehen hat. Erstaunliche Dinge und Antworten werden sich dir offenbaren. Eine verzweifelte Frau erlebte ich, deren ganzes Leben auf dem scheinbaren Spiel stand, doch ging es eigentlich darum, in eine eigene Bewusstseinshaltung zurückzufinden. Danke Gänseblümchen. Danke den Tränen die ich sehen durfte, als die Frau unter Tränen sich ihrer Gedanken bewusst geworden war. Danke den Menschen, denen ich in den letzten 8 Jahren begegnen durfte und an denen ich wachsen durfte. Auch wenn es schien, als würde ich mich rückwärts bewegen. Doch es waren nur Schritte auf dem Weg zu einem neuen, eigenen Bewusstsein. Ich hoffe nur, dass Gott mir den Weg des restlichen Stückes leichter gestaltet. Ich bin ein Mensch der sich in der praktischen Tätigkeit erprobt und dann daran praktisch übend wächst. Mein mentaler Geist wächst dabei von ganz allein.

Thema: Freude und Zufriedenheit

Sind wir heute noch glücklich und zufrieden?
Können wir uns heute noch vorstellen, einer neuen Zufriedenheit in unserem Leben Platz zu geben, die den materialistischen Interessen unserer Gegenwart etwas dagegen zu setzen hat?

Schneller, weiter, höher und besser als jeder Andere.
Das sind unsere Maxime für die wir uns verrennen.
Doch wer hilft uns aus dem Sumpf der Zeit heraus, wenn unsere Nerven nicht mehr, sich dem täglichen Stress ergeben wollen.

Burnout nennt das der Volksmund und die Medizin heute.
Doch es ist einfach das Kapitulieren des Körpers und des eigenen
Geistes vor der Welle der Überforderung. Wir müssen uns unser
Leben neu einteilen. Auch das NEIN sagen in dieser Zeit der
Überforderung will gelernt sein und muss geübt werden. Dies
geschieht zum Schutz unserer Seele vor gravierenden Schäden.
Ist der Schlag erst einmal in unser Gehirn gefahren, weiß jeder
uns als Ratschlag mitzugeben – „Jetzt musst Du erst mal langsam
machen!"

Nicht immer ist die Vernunft unser steter Begleiter, der uns
warnt vor dem Infarkt der eigenen Seele. Manchmal bedarf es
der Bremsung durch andere Geister die wir nicht gerufen haben.
Unsere sogenannten Schutzengel haben dann besonders viel zu
tun. Sie sagen uns, alles ist oder wird gut. Doch unser
mangelndes Urvertrauen, steht uns dann wieder im Weg.
Wir können und müssen wieder mehr dem vertrauen, der uns
gemacht hat. Nennen wir es eine höhere Macht. Nennen wir es
Gott. Nennen wir es ein höheres Bewusstsein unserer eigenen
Person. Damit sind wir in der Lage, die Welt ein wenig besser zu
machen. Im kollektiven Ganzen bewegen wir durch unsere Sinne
uns selbst und daraus resultierend auch die anderen Menschen
in unserem Umfeld. Eine ganz wichtige Sache ist dabei die
persönliche Ausstrahlung, welche von unserer Person ausgehen
sollte. Aus dem Inneren heraus glänzend durch Strahlkraft.

Thema: Wie erreiche ich innere Schönheit?

Das hauptsächliche Bestreben unseres Körpers sollte darin bestehen, eine Einheit in dem inneren Wesen unseres Seins zu erreichen. Nennen wir es Ausgeglichenheit.

Es gibt Leute und Menschen auf dieser Welt, von denen viele Menschen sagen, die ruhen in sich. In vollkommener Harmonie. Diese Menschen haben für sich entschieden, die höhere Bewusstseinsstufe als anstrebendes Ziel ihres Lebens anzunehmen.

Bin ich in ständiger Anspannung oder gar Aggression, werde ich wohl nicht mit einem entspannten Lächeln der Welt mitteilen können, dass ich ein liebenswerter Zeitgenosse bin.
Nein, die Menschen die mir begegnen, werden sich zwangsläufig zurückziehen, um nicht der Gefahr entgegenzulaufen, welche der Mensch signalisiert. Strenge ist nicht unser Hauptwesen. Alle Schimpansen lächeln besonders viel, um Spannungen in der Gruppe abzubauen. Die Bonobos benutzen gar das sexuelle Spiel und den geschlechtlichen Akt - als Abbaumöglichkeit von Gruppenspannungen. Eine einfache Weisheit – halte ich die Liebste in den Armen – kann ich keine Waffe tragen.

In den Zeitungen der heutigen Zeit, werden Modelformen des Weibes als die unumstößliche Wahrheit der absoluten Schönheit präsentiert. Junge Menschen fahren schon gern auf diese Magermodel Präsentation ab. Natürlich – wenn eine solche Schönheit eine gute Karriere und ein tolles Verdienstleben verspricht. Doch die Folgen von Stress und Belastung für den unterversorgten Körper werden den Models nicht mit beigebracht. Sind die Körper fertig, kommen die nächsten dran. Es gibt genug Nachschubmaterial. Eigentlich ist es in der Modelbranche wie auf dem Straßenstrich. Es gibt immer wieder neues Material. Die Verantwortlichen schämen sich nicht einmal von Altmaterial oder Frischware hinter der Hand zu reden. Es sind Gott sei Dank Ausnahmen. Die besten Fotografen der heutigen Zeit besinnen sich wieder auf die weibliche Urform. Hüften, Brüste oder ein praller Hintern sind die Attribute die eine gute Frau - auch in der Modelbranche - wieder ausmachen. Das frühere Hungerweibchen hatte eben auch noch keine Kinder zur Welt gebracht und die Veränderung eines Körpers per Schwangerschaft, sind unerhörte Eingriffe in die Psyche und das Wesen einer tollen, rassigen Frau.

In keiner Zeit der Malerei von Rubens gab es solche Magerfrauen. Ich bin froh, dass die Besinnung wieder in den Rubenshaften Traum von einer Frau gewechselt ist.

Die neue Schönheit eines Mannes oder einer Frau, beginnt in dem Augenblick, in welchem sich der Mensch annimmt, wie er tatsächlich ist. Das Innere & das Äußere gelangen in Übereinstimmung. Damit auch in einen Zustand der Glaubwürdigkeit zu sich selbst. Auch die Glaubwürdigkeit gegenüber den begegnenden Menschen wächst auf die gleiche Weise. Ein anstrebenswerter Prozess.

Thema: Glaube und Hoffnung nicht zu verlieren

Heute glauben wir nicht mehr an die höhere Macht!
Doch wer lenkt uns? Wer hilft uns? Wer hebt uns auf?
Wenn doch keiner da ist, der in der Not zu uns steht?

Wir sollten uns der alten Macht wieder besinnen, von der wir als Kinder schon geleitet wurden. Jeden Abend haben wir dem Herr Gott gedankt, für den Tag den wir erleben durften, plus dem Dank dafür, dass er uns beschützt hat. Mal mehr - Mal weniger. Doch immer so, dass er uns nicht der Verdammnis der Menschen ausgeliefert hat, welche uns an jenem Tag umgeben haben. Das ist eine Zuversicht, auf der wir aufbauen können.

Hoffnung ist heute so rar wie der 2 Karat Diamant. Doch es gibt ihn. Den 2 Karat Diamant, sowie die Hoffnung der Menschheit, dass es zwar noch schlimm ist auf der Welt. Man kann aber die Tendenzen schon erkennen, wie es sein sollte. Friedlicher und schöner auf der ganzen Welt. Wenn alle Menschen sich mehr auf die Eindrücke ihrer Augen besinnen, werden sie auch selber sehen, was nicht stimmt. Das fängt dann schon beim WEGRÄUMEN des eigenen Drecks an. Der wird ja sonst lieber einfach fallen gelassen. Doch der Dreck kommt irgendwann wieder und hinterlässt einen Haufen in dem Garten, von wo er gekommen ist. Das möchten sie doch bestimmt nicht. Oder? Morgens aufwachen und in ihrem wunderschönen Rosenbeet ist ein Dreckhaufen - mit dem Müll - den SIE irgendwann in ihrem Leben – achtlos wie immer – einfach fallen gelassen haben. Fröhliches Erwachen. Also sollte jeder Mensch – **jetzt** – anfangen seinen Müll im Kopf, seinen Müll im Leben, seinen Müll in der Gedankenwelt der Anderen – endlich zu durchforsten und aus diesem Müll – wertvollen Dünger für die Zukunft aufzubereiten.

Dann stinkt die Welt in ihren Abgründen schon nur noch halb so sehr. Viel Spaß bei der Entdeckung der neuen Welt.

Jeder ist ein Christopher Columbus. Es braucht nicht die stürmische Fahrt über den Atlantik. Uns steht auch so das Wasser der gesellschaftlichen Verwahrlosung – in Geist und Realität - bis zum Hals. Wellenschlagen braucht da keiner mehr.

Thema: „HERZENSWÄRME" die Liebe als Lied des Lebens

Noch immer bewegen wir uns also auf den Spuren Maria Magdalenas. Noch immer wurden wir aus dieser Frau nicht schlau. Ist es das Ziel verschiedener Aspekte unseres Lebens, aus dieser Frau schlau zu werden oder dient sie uns nur als Spiegel unserer eigenen Seele.

Können wir den hohen Anforderungen, die wir auch an uns und wieder und wieder auch an Andere stellen, selber auch gerecht werden? Oder ist es leichter die anderen Menschen nach den hohen Prinzipien zu unterteilen, um von den eigenen Nichtigkeiten abzulenken?
Alle Bergsteiger wissen es schon längst.
Stehst DU auf dem Berg der Erkenntnis mitten in der Natur, dann wird dir die göttliche Größe und deine Nichtigkeit und Winzigkeit voll bewusst. Unterschätzt Du dann auch noch die Kräfte der Natur, wartet der sichere, frühe Tod auf dich. Noch ehe deine Füße die bunte Blumenwiese im Tal wieder betreten hat.

„HERZENSWÄRME" als Herzgedanke für die Liebe. Nicht die Liebe im eigentlichen Sinne der Zweisamkeit unter den Menschen. Sondern die Zweisamkeit der Liebe auf einer höheren Macht des Seins.

Beflügelt sie nicht auch der Gedanke, dass wo immer sie hingehen, schon „Einer" auf sie wartet. Der immer ein Auge auf ihr Leben geworfen hat. Doch das mangelnde Urvertrauen, lässt es zu, diesem Geist nicht immer blindlings zu vertrauen.

Schon unsere Eltern haben uns immer wieder eingeschärft, nicht mit einem Fremden mitzugehen. Wie soll ich denn da mit dem „Fremden" Jesus Christus mitgehen, den ich nicht sehe, den ich nicht kenne und den meines Wissens nach sonst auch keiner kennt. Rein aus göttlichem Vertrauen heraus ihm folgen.
Das ist eine schwere Aufgabe. Keiner wird sie leicht, dahin gehend erledigen. Doch den Weg müssen wir alle gehen, um zu ihm in sein Reich und Paradies zu kommen.

Deshalb schickt er seine Helfer, die wir nicht sehen.
Aus diesem Gedanken wächst in uns die Kraft, einen Weg zu gehen der hin führt zu innerer Leichtigkeit.
Mensch – glaube nicht – dies sei nur eine Phrase eines verwirrten durch das Leben laufenden Irren. Nein es ist pure, erlebte Energie in einem Konsens mit dem Geist des Herrn und einer Kommunikation mit der Mutter „ERDE" die uns nährt.
Nicht nur mit Brot und Wasser, sondern auch der geistigen Ertüchtigung unserer Sinne, um die Welt jeden Tag ein bisschen mehr zu begreifen. Dabei ist auch wichtig diese Erde so zu erhalten, dass nicht nur WIR etwas davon haben. Auch unsere

Kinder und Enkel sollen eine Erde erleben dürfen, die die Vielfalt des Lebens als wichtigstes Geschenk an diese Generationen weiter geben kann. Daraus wächst wieder Friede.

Wir können uns nicht zerreißen.
Ein Haus, ein Garten, ein Leben das gelebt werden will.
Scheitern wir nicht eher an der Einsicht – das wir keine Multitasking Menschen in der Masse der Gesellschaft sind?

Einen Schritt nach dem anderen – als zwei vor einander gesetzte und auf die Nase gefallen. So lernt der Mensch gehen. So wird es bleiben bis in alle Ewigkeit. Die Gesetze der Natur gelten auch, wenn wir Menschen die sich zu Gott hingezogen fühlen, manchmal das Gefühl der Verlassenheit in uns tragen.
Es ist nur unser Gefühl. Nicht das Gefühl der Masse.

Liebe ist ein Zustand innerer Verwirrtheit, verursacht durch den Überschwall einfacher Hormone. So wäre es toll.
Doch Liebe ist mehr als nur ein Gefühl. Denken wir doch an die Wucht der Gefühle, die uns übermannt bei der Verbindung der geschlechtlichen Liebe. Kaum auszuhalten ist es, was unser Körper uns signalisiert. Schreien könnten wir und manche tun es dann auch. Gott sei Dank. Endlich der Ausbruch der Gefühle an denen wir sonst beinahe erstickt wären.

Leere Augen, leerer Blick, leere Seele.
Das sind die unausweichlichen Folgen, wenn wir unseren
Emotionen und Gefühlen nicht den Raum geben, sich
auszuleben. Auch die freie Liebe in all ihren Facetten gehört
dazu. Sie lässt uns befreit sein. Dazu braucht es keinen Joint.
Der Chemie - Baukasten in unserem Gehirn ist stärker, als jeder
Chemiker dieser Welt. Glaube ich nicht! Sagen die Skeptiker!
Dies ist ihr gutes Recht. Doch wenn es das Schicksal will, wird
der Skeptiker lernen, wie viel Selbstheilungskraft in seinem
Körper steckt – sobald wir durch den Willen unseres Geistes
dem Körper die Chance geben sich zu erholen.

Dies gilt für körperliche Belange genauso, wie für seelisch –
psychische. Seht euch die Menschen an, welche von
Versagensängsten in den Medien erwähnt - beinahe gescheitert
und verzweifelt wären. Durch Rückbesinnung auf sich, einfach
das Leben genießen im Rahmen der Möglichkeiten, sind sie
zu – sich – selbst - gekommen. Daraus wuchs geistige, mentale
Stärke. Sehr bewundernswert. Es gibt da viele Beispiele, die den
guten Weg des erneuten Lebensanfangs bestätigen.
Ja – es gibt auch die traurigen Verlierer dieser Wege. Doch diese
sind nicht unser Ansporn.

Namen gibt es in der Öffentlichkeit dafür genug.

Jeder kann sich an Schlagzeilen erinnern. Dies ist auch unsere Aufgabe, sich zu erinnern, wenn der Tag unseres eigenen „Versagens" bei uns Einzug hält. Krabbeln wir wieder aus dem Loch heraus oder genießen wir das Leiden in dem Golf-Loch bis der Spieler kommt.

Wir sind keine Frösche oder Kröten.
Wir haben die Fähigkeiten, Selbsthilfe bei uns anzuwenden. Daraus resultieren auch die Selbsthilfegruppen für die verschiedensten Probleme unserer Gesellschaft. Gut das wir sie haben, da sie unserer Gemeinschaft Freude und gegenseitige Hilfe und Mitgefühl bringen. Auch Liebe zu den Menschen wird dadurch zum Ausdruck gebracht. In der Liebe der Gemeinschaft stark sein, stärker werden und auch ganz neue Stärken entwickeln. Dies ist alles in neuen Situationen möglich, wenn wir uns der Hilfe ergeben. Nicht sinnlos ergeben. Sondern dankbar Hilfe annehmen. Mit einem Tipp oder auch einem Rat, vielleicht auch einfach nur lernen, dass es Menschen gibt die zuhören können. Dabei ist das Alter der Menschen mit der Weisheit vollkommen egal. Es gibt Menschen die sind jung, doch mit einer Lebenserfahrung geschlagen, welche ein 70 jähriger nie erreichen wird. Da es in seinem Leben die Achterbahnen des Lebens nicht gab.

Vor meinem Auge liegt ein Golfball.

Schön seine Farbe so zu sehen. Auch ist es schön, seine Oberfläche zu berühren. Hoch interessant ist es ihn fliegen zu sehen. Welche grandiose Eleganz. Und doch ist dem einen oder anderen Spieler nicht klar, warum macht der Ball was er will. Das Eigenleben ist der Verursacher des eigenen Willens so eines Balles. Verursacht durch die „VERDELLTE" Oberfläche. Gerade die Dellen machen ihn so schön und bewundernswert.

Sicher ist der Golfsport der scheinbar edle Sport unter den Ballspielen. Ich glaube es gibt nicht den perfekten Spieler der es gelernt hat. Es ist die Gabe die einen guten Spieler ausmacht. Geduld, Gefühl, das Ansprechen des Balles vor dem Schlag. Dies alles macht den Spieler aus. Da kann ich draufhauen wie ein Idiot in verschiedenen Filmen. Golf ist mehr als schlagen und einlochen. Golf ist Esprit - verbunden mit einem Spirit der Eleganz. Dies macht die Faszination des Spiels aus.

Und die Spieler selbst verlieren sich dabei in den Sphären ihres Seins. Doch sie sind und bleiben Golfspieler. Vergesst das nicht. Sie sind auch nicht die „Hand Gottes". (Maradona) Doch ihre Grazie beim Schlagen hat etwas mit der Liebe zu tun. Die Liebe zu dem Sport, die Liebe zu dem Ball, die Liebe zu der Gemeinschaft derer die diesen exklusiven Sport betreiben. Hochmut kommt aber immer vor dem Fall.

Auch der Ball kommt immer wieder runter.
Auch der Ball findet seinen Meister in dem besten Spieler
dessen erfolgreiches Spielen von der Gelassenheit seiner Person
abhängen. Gut wer diese Stufe schon erreicht hat.

Wie heißt es doch so schön in einem Filmklassiker:
(Zitat: Möge die Macht mit euch sein – ihr Golfspieler)
18 Löcher sind es. Die 1 steht für den „EINEN" und die
quergelegte 8 steht für die Unendlichkeit. Was für ein toller
Sport.

Thema: Wie sieht es mit unserem Verstand in der Zukunft aus?

Es ist eine Tatsache, dass wir glauben, mit viel Können werden
wir unseren Weg leichter gehen.
Diese unsere deutsche Gesellschaft hat sich auf dem irren Weg
zu einem tollen Europa total verrannt. Kanzler die sich nur noch
auf die Energiewende konzentrieren, haben sich durch die
versnobte Wirtschaft von irgendwelchen Wirtschafts- und
Beraterheinis, zu Folgeleistern herunter entwickeln lassen, dem
die Wirtschaften auf der Nase herum tanzen.
Sicherlich hat der jeweilige Kanzler etwas von Helmut Kohl
gelernt. Schmeiß die Gegner hinaus. Gib allen das Gefühl das sie
dich fürchten müssten.

Mag es sein, dass die Natur des ehemaligen Ostens etwas heruntergekommen war. Aus dem Geist der Wende durch die Menschen herbeigerufen, erwuchs aber etwas Verborgenes, Neues, großes Ganzes. Einig Deutschland.
Die tiefgefrorenen Schätze menschlichen Wissens der Leute aus dem Osten - ohne scheinbare Zukunft. Doch die Liebe zu dem einigen Deutschland wird jeden auf seinem Weg, seine eigenen Erfahrungen bringen. Diese sind wiederum wichtig für das kollektive Ganze. Danke jedem Einzelnen in seiner Form.

Diese Kraft soll den Menschen helfen, viele unserer Probleme zu lösen. Die Fehler – welche ja nun schon gemacht wurden, könnten vermieden werden. Daraus ergibt sich eine „ERNEUERUNG" des gesellschaftlichen Denkens zum Wohle des gesamten, deutschen Landes und darüber hinaus.

Lasst den Geist endlich frei – welcher von den früheren, anerzogenen Gänglern der Menschen schon seit Urzeiten die freie Entwicklung des menschlichen Seins beengt. Sorget euch nicht diese Kraft zu sehen und zu spüren. All jene die in dieser neuen Zeit ihre Wege gehen werden - sind keine Gefahr.
Sie haben gelernt mit den Kräften in sich drin zu haushalten. Ihre Erkenntnisse aus dem Leben, welches sie mitbringen zu dem Ganzen – großen schafft eine Welt der Freude und der Weiterentwicklung. Die nötige Bremse in dem Schaffensdrang

wird dann die Liebe zu den Menschen sein. Diese beschützt vor unnötigem Tun. Sie verhindert eine dem Wohlergehen der Welt schädigende Haltung oder Handlungen die dem Besten entgegen stehen. Es gibt dann auch die Kraft, die überschwänglich mit den „GUTEN" Gaben der Menschen umgeht. Alles soll in einem positiven Fluss sein. Alles soll in einer Art und Weise in abgewogenem Verhältnis zueinander wirken. So kann der Weg dieser Erde seine natürliche Fahrt wieder aufnehmen. Die aus der Bahn geworfene Erdachse von 2011 ist ein deutliches Zeichen unserer Zukunft. Alles dreht sich schneller. Obwohl die Achse senkrechter steht. Jeder denkt nur noch an sich. Keiner wagt den Blick über das Handy oder iPhone mehr zu dem Gegenüber der fast sterbend dahinsiecht.

Wo ist der Paukenschlag, der die Menschen wieder auf den richtigen Kurs bringt? Wo ist der Paukenschlag des Beckenschalls, der die Ohren wieder zum Klingen bringen wird? Auf einen bald ankommenden Christus brauchen wir in naher Zukunft nicht zu warten. Wir müssen uns erst mal selber helfen.

Titelbild fliegender Komet

Kometen sind dreckige Eis - Bälle

Ihr Licht ist uns wie eine Erleuchtung.
Ihr Schweif zeigt uns, in dem All gibt es verborgene Kräfte, deren
Auswirkungen auch auf uns jeden Tag ihren Einfluss ausüben.
Schweife von Kilometerlangen Ausmaßen sind keine Seltenheit.
Halley besucht uns nur alle 75 Jahre. Die Chance in einem
Menschenleben ihn 2 Mal zu sehen, ist äußerst gering. Doch soll
es möglich sein. Die Menschen von 1986 haben durchaus die
Chance bei gutem Leben, des Kometenspektakel Halley auch in
ihrer Zukunft noch zu erleben. Die Zukunft ist halt an das eigene
Leben gekoppelt. Gesund und fit durch den Tag dem Halley
entgegen. Prost Mahlzeit.

Lucia wird in Schweden als die Göttin des Lichtes verehrt.
Vielleicht sollte der Deutsche sich auch einmal wieder den
germanischen Göttern annehmen. Daraus könnte eine neue
bindende Einheitsidee entstehen.

1848 wurden die Farben SCHWARZ, ROT und GOLD als die
deutschen Farben in der Paulskirche zu Frankfurt am Main in der
Idee eines einheitlichen Staates zu einem Grundgesetz

zusammengetragen. Doch heute könnte man die Farben auch anders interpretieren.

SCHWARZ für verbrannte und ausgelaugte, ausgeraubte Erde.

ROT getränkt vom Blut der Menschen, die für Einheit und Frieden und Menschlichkeit gekämpft haben.

GOLD für den immer und immer wiederkehrenden Irrsinn des Menschen dem „GOLDENEN KALB" von Baal nachzulaufen. Immer wieder werden die Menschen von dem Gedanken verfolgt, doch durch den schnöden Mammon ein besseres Leben zu haben und ein besserer Mensch zu sein.

Auch ich bin diesem Irrglauben oft aufgesessen.

Doch so wie es aussieht, ist es besser einem gemäßigten Leben in Freude, Fülle und auch gemäßigtem Wohlstand den Raum zu geben, den das Leben braucht. Gott gebe uns die Gelassenheit dazu, dieses Ziel bald zu erreichen.

Thema: Geld – seine Verteilung – Gerechtigkeit

Nun haben wir den Salat.

Da hat also in Deutschland ca. 1 % der Bevölkerung mehr Geld zusammen, als die Vielzahl der Deutschen zusammen.

Dies soll keine Anprangerung sein. Im Gegenteil sehe ich es so, dass es gut ist, wenn die Menschen ihr Geld haben. Sie haben sich das Geld und den Segen des Geldes mit ihren Ideen und Innovationen auch verdient. Viele davon haben mit ihrem Besitz in den Zeiten des Aufbaus dafür gebürgt, dass ihre Überzeugung zu einem wirtschaftlichen Erfolg kommen wird. So wurden Unternehmen aufgebaut und Imperien des Geldes und der Macht etabliert.

Ob nun Krupp oder BASF ist egal. Die Gründer der Unternehmen haben mit viel Enthusiasmus ihre Begeisterung und ihre Produkte vermarktet. Das Risiko getragen! Neue Perspektiven geschaffen für Menschen nach dem Krieg in einem zerstörten Deutschland.

Sei es nun eine Folge ihres Tuns in diesem Krieg oder während des 2. Weltkrieges. Die Verlockung des Reichtums hat immer zwei Seiten. Sicher ist es heute einem kleinen Kreis vorbehalten ein Leben in Saus und Braus zu führen.

Da wir aber von einem Prinzip des ständigen Ausgleichs sprechen, ist eines gewiss. Wenn sich die Tore des ewigen

Erfolges schließen, dann wird es soweit sein – ein großes Zähneklappern. Nicht schon die Bibel sprach von ausgleichender Gerechtigkeit. Ob nun auf der Erde oder im Himmel.

In diesem „arm" und „reich" Prozess gibt es nur einen Verlierer. ***WIR ALLE*** – die wir nichts Besseres zu tun haben, als diesem Mammon-Denken hinterher zu eifern. Schon haben wir vielleicht selbst die Möglichkeit mit viel Geld umher zuwerfen. Würden wir dann sofort an alle an die 2. oder 3. Welt denken, oder die erste und die letzte Party schmeißen?

Machen wir die Augen auf. Heute hören wir von den Millionen Euro oder gar Milliarden Dollar von einzelnen Menschen auf dieser Welt.
Doch überglücklich und fröhlich habe ich noch keinen von diesen umschwärmten Hasen gesehen. Sei es ein Bunny-Häschen von Hefner oder ein Trump von den Baulöwen.

Glücklich konnte ich Menschen sehen, die geholfen haben und die die Augen von satten, kleinen Kindern erblicken durften durch die „finanzielle" direkte Hilfe. Vor Ort das Elend sehen. Vor Ort das Elend bekämpfen. Vor Ort Glücksmomente erleben die das Ausmaß einer Geburt annehmen. Ganz vom emotionalen Standpunkt aus betrachtet. Solche Menschen sind die wahren Helden des Alltags dieser Welt.

Leider haben wir vergessen, auch in diesem deutschen Land, dass wir nackt und hilflos auf die Welt gekommen sind. Nicht einmal atmen können wir allein. Man muss uns erst einmal auf den Hintern hauen. Dann schreien wir und die Atmung funktioniert. Mit viel Liebe und Herzblut werden wir dann aufgepäppelt. Sind wir groß behaupten wir, dass wir gescheit sind. Doch haben wir die falschen Ideologien im Kopf, dann rennen wir den falschen Freunden und Führern blind hinterher.

Erwachsen wollen wir werden.
Gebunden sind wir aber schneller an den nächsten Freund.
Oft der falsche Freund. Oft der falsche Ratgeber. Kommt dann noch Alkohol oder Drogen dazu ist der Zug in die Richtung Höllental schon losgefahren. Schon fahren wir in das Eselsparadies ab wie der kleine Pinocchio. Der Holzkopf fehlt uns noch. Doch der Gesang des Nachplapperns „I – AH, I-AH" der ist uns schnell eigen, wenn wir nicht sehr vorsichtig sind.

Was sagt uns diese Tatsache?

Wir suchen immer in unserem Leben nach der starken Führungs-person. Adolf Hitler verkörperte diese Vorstellung in den 30er Jahren. Heute sind es aber mehr und mehr Gruppierungen die diese Rolle der Verführer übernehmen. Internet- Medien

kommen dazu. Die Folge kann Realitätsverlust sein. Das „HIER"
und „JETZT" ist ausgeblendet.

Das ist nicht weiter schlimm. Wir als Menschheit müssen uns
nur darauf besinnen, unsere Ohren zu benutzen, unser Gehirn
einzuschalten, den Verstand walten zu lassen und die Spreu vom
Weizen in jeglicher Weise zu trennen.

Dann haben wir eine gute Chance, mit diesen Zeiten gerecht
umzugehen. Auch die Chance der Klärung in unserem Leben hat
dann die beste Möglichkeit frei zu wählen. Freiheit im Geiste
oder ständige Knechtschaft der Medien und der Gesellschaft in
Arbeit und Familie.

Nur wenn wir frei wählen zu Leben, dann können wir aus einer
abgehobenen Position die Verhältnisse genauer betrachten.
Dies ermöglicht freie Entscheidungen. Der Weg unseres
Handelns ist dann von unserem Herzen bestimmt. Eine
kollegiale Zukunft ist uns dann vorbestimmt. Lasst die
Jahrhunderte ins Land gehen. Wir werden dem Umdenkprozess
nicht entkommen. Ansonsten wird uns der Himmel in Form
eines Himmelskörpers die neue Zeit vorgeben. Sei es nun ein
heller Stern – wie vor 2000 Jahren – oder sei es ein Asteroid wie
vor 65 Millionen Jahren. Die Kräfte der Natur lassen sich in ihren
Wegen nicht bremsen oder einengen.

Geld und Verteilung – *ja neu ordnen.*

Keiner soll das verdiente Geld abgeben. Keine Enteignungen wie in den Welten und Gedanken des Kommunismus. Keine neuen Elenden schaffen - die vorher in Saus und Braus gelebt haben. Es ist viel besser, das Geld zu nehmen und es arbeiten zu lassen. Wo der Überfluss lebt, da muss ein neues Denken des Helfens sich etablieren. Mit Liebe und Güte für die gesamte Menschheit etwas tun und abgeben. Die Freude wird in doppeltem Masse zu dem Gebenden zurückkommen.
Dies sei gewiss.

Glaube – Liebe – Hoffnung sind die Säulen, auf die ich mein Leben einst stellte. Manches Mal wanke ich in dem Dreiklang der Liebe, der Hoffnung und des Glaubens.
Trotz der Ungerechtigkeit dieser Welt – in diesem Moment – kann schon Morgen der Tag der Wende sein. Bin ich dann selbst der Versuchung einer Verschwendung gefeit? Ja – so behaupte ich. Da ich mich im vor hinein übe - in der Vorstellung des Wohlstandes zum Wohle aller Menschen im kristallinen Gitternetz. Gebe ich gern von dem ab, was zu mir kommt, werde ich durch die Gnade des Wohlstandes auch wieder getragen.
Ich glaube daran, dass sich kollektives Teilen nicht nur positiv auf mich auswirkt, sondern auf mein Umfeld gleicher maßen. Einen freudigen Geber hat Gott lieb. Ohne sich zu verkrampfen, sondern aus dem Herzen der Liebe heraus.

Thema: Arbeit und Beruf in Deutschland

Ja – es ist soweit. Wir haben den absoluten Beweis.
Um es in Deutschland zu etwas zu bringen, ist es wichtig – gut
auswendig zu lernen. Dann zum richtigen Zeitpunkt auch alles
korrekt und schön aufgesagt wiedergeben. Note 1, brav, setzen!
Das Abitur mit einem sehr guten Abschluss ist ihnen gewiss.
Der Studienplatz kann ihnen nicht mehr genommen werden.

Geht es aber um die Umsetzung eines wichtigen Themas in einer
wichtigen Einschätzung, verkoppelt mit praktischem Denken
und Handeln, dann stehen den 2 linken Händen die
Schweißperlen auf der Stirn. Dieses Prozedere war im
Auswendig – Lern - Modus nicht mit integriert.

Es ist immer wieder erstaunlich, wie diese Generation der „Weis
nicht!" oder „Kann nicht!" Typen sich gänzlich ohne
Widerspruch vermehrt. Doch bei den praktischen
Schwierigkeiten in der deutschen Gesellschaft ist mit diesen
Studientypen NICHT zu rechnen. Vom Schulbank drücken
kommt halt keine Lebenserfahrung.

Sehen wir uns die vielen Menschen an, die sich von Klein-Auf stets bemühen, ihrem Leistungsvermögen eine Steigerung abzuringen. Freude haben sie an den Schulstunden nicht. Doch sie wissen immer eine Sache. Eines Tages wird sich auch für sie die Schinderei auf dem Schulbankthron lohnen.

Da wir jetzt in dem Jahr 2015 sind, kann man einen gefährlichen Trend beobachten. Immer mehr Menschen erkennen, dass ihr Leben in dem Sinn nichts mehr wert ist, hohe Einkommen nicht mehr erreichen oder erzielen zu können.
Von den oberen Fleischtöpfen abgehängt beginnt der Rann, um neue Plätze am kalten Buffet. Viele bleiben dabei auf der Strecke. Nicht jeder Mensch ist halt mit einem 120er IQ auf die Welt gekommen. Doch sollte jeder auf seinem Niveau die Chance bekommen, sich in die Gesellschaft einzubringen.

Auch das scheinbar kleine, getane Werk, ist wertvoll im Miteinander der vielen Menschen in unserer Gesellschaft.
Ohne viele, kleine, stille Helfer wäre eine Altersversorgung oder Krankenpflege oder gesellschaftliches Ordnungssystem nicht aufrecht zu erhalten.

Zeigen wir wieder mehr, allen an den Aufgaben Beteiligten unsere aktive Wertschätzung.

Sorgen wir mit unserem Willen ab 2016 dafür, dass sich Arbeit wieder lohnt und nicht nur das Breitsitzen des Hinterns überdurchschnittlich bezahlt wird.

Die Väter unserer modernen Demokratie haben sich etwas dabei gedacht. Sicher war ihr Gedanke nicht: „ES GEHT ALLEN GLEICH SCHLECHT!" Sicher ist der antreibende Geist der, allen die wollen eine Zukunft zu geben, in der sich alle etwas aufbauen und leisten können.

In den 80er Jahren war viel leichter mit der Arbeit sich etwas aufzubauen. Heute kann jeder sich ausrechnen was die Rente hergibt. Angst kann einen die Zukunft da schon bringen. Die einen leben im Speck, auch in der Rente. Die anderen kommen nicht an die Arbeit. Trotz Aus- und Weiterbildung und stetem Bemühen. Sie werden zum Sparleben verurteilt. Sogar in der Hartz IV Politik wird dann gesagt, wozu musst DU rauchen oder wozu musst DU „Hartz IV ler" trinken. Arbeite lieber erst mal.

Den verantwortlichen Politikern und Personalern in den Massen der Unternehmen sei gesagt: „Eines Tages kommt Euer Unvermögen Personen und Menschen richtig einzuschätzen zu Euch selbst zurück!" Dann wird man euch aussondern wie den gesprungen Grabstein auf dem Friedhof. Ich wünsche EUCH jetzt schon eine selige Zukunft.

Thema: Freude und Fülle

Es ist an der Zeit – uns aktiv immer und immer wieder aktive
Freude und Fülle zu wünschen. In dem festen Glauben
verwurzelt, dass Gott selbst in der Einheit mit seinem Sohn für
uns das Beste will - dürfen wir die Hoffnung des Glückes und der
Freude, in der Fülle des Wohlstandes *NIE* aufgeben.

Er macht es nie zu unserem Schaden. Er macht es immer besser
als wir denken.
Wir sind blind für Gottes Willen. Blind für seine Wege und
erkennen selbst nicht, den richtigen Weg für unsere Seele.
Doch ist der richtige Weg auch nicht, feige aus dem Leben zu
gehen. Bloß weil wir Angst haben Gottes Pfad zu gehen.
Zuversicht zu erbitten ist die eine Möglichkeit. Lenkung und
Führung die andere durch Gottes Gnade gegebene.

Aus dem Herz heraus sollen wir handeln.
Wann? Wie? Wem zugewandt? In welcher Situation?
Nachfolge ist eine ständige Anfrage an uns selbst.

Nur nicht sich selbst dabei verleugnen und den Schutz vor
Erniedrigung und Ausbeutung aufgeben. Menschen sind eigen.
Freude und Fülle bringt den Sonnenschein in unsere Herzen.
Mehr braucht es nicht zu wissen.

Aktives Leben im Glauben reicht uns für das tägliche Überleben.
Unsere Ansprüche sind von unserer Umwelt geprägt. Mehr
haben und sich mehr leisten können. Ist dieser Anspruch falsch?
NEIN – denn dieser Antrieb befähigt uns auch, über unsere
Leistungsgrenzen hinaus zu gehen.

Natürlich haben alle Menschen im Osten Deutschlands 1989 den
Anspruch gehabt, ein Leben zu führen, wie es in den Zeiten der
Teilung immer im Fernsehen zu sehen war. Natürlich wollen alle
den Luxus des „sogenannten" Westens haben. Alle sind auch
dafür bereit zu arbeiten. Härter als mancher denkt. Aber es gibt
auch die Möglichkeit, sich neu zu orientieren.

Doch es nützt nichts von Arbeit zu reden, wenn die Arbeit nicht
vorhanden ist. Maschinen und Programme erledigen ohne Pause
und Schlafen die Arbeiten, welche sich der Mensch ausgedacht
hat. Immer billiger und schneller soll die Arbeit erledigt werden.

Dies hat alles soziale Folgen.
Krankheit, Süchte, Drogen und beruflicher Abwärtsweg sind die
Folgen dieser steten Entwicklung. Es wird Zeit dieser Bewegung -
die Bewegung - der inneren Ruhe etwas entgegen zu setzen.

Heute noch glaube ich an den zukünftigen Erfolg.

Es gibt eine Zusage, die besteht in der eindringlichen Weisung einem neuen Weg zu folgen. Alles habe auch ich schon versucht.

Nun bin ich auf dem neuen Weg der Folge in „SEINEM" Sinne.

Ich bitte ihn, um gnädige Unterstützung.

Ich bitte ihn, um gnädige Erfüllung meiner Wünsche.

Ich bitte ihn, um gnädige Gabe des Wohlstandes für uns.

(Meine Frau und auch ich haben es verdient) Auch für die Interessen der anderen Menschen, welche wir gerne unterstützen würden. Doch wir können es nicht.

Alles hängt von einem offenen Herzen ab.

Trage das offene Herz nach außen. Halte es fest. Lass das Wort auf deiner Zunge vom offenen Herzen geprägt sein.

Innerer mentaler Geist, ist die Gabe und die Kraft welche zu seinem Zeitpunkt sich voll und ganz entfalten möge.

Der Zeitpunkt der Entfaltung ist – JETZT!

Geist entfalte dich mit deinem ganzen Vermögen in mir zum Wohle an den Menschen. Und dies zu einem besseren Weg von mir, meiner Frau, meiner Ehe, meinem neuen Sein.

Verknüpfe dich Gitternetz zur starken Einheit aller Menschen untereinander. Bringe mich in das gesellschaftliche Gitternetz. Führe mich zu den Menschen und nicht in die Isolation.

Thema: Nie aufgeben an ihn zu glauben

IHN – unseren besten, inneren Weg aus der Kraft unseres
mentalen Seins zu gehen. Immer im Hause ist ein
deprimierender Zustand. Es wird Zeit nach außen zu treten.
Die Zeit muss nicht neu erfunden werden. Die Zeit des
Neuanfangs kann jetzt beginnen. HERZENSWÄRME ist der
Wegweiser zu den neuen Inseln der Erkenntnis.

Thema: Der Geist als schaffende Kraft

Der Geist schuf die Erde.
Der Geist schuf die Flora.
Der Geist schuf die Fauna.

Menschheit - besinn Dich,
lass nicht zu, erst stirbt die Fauna,
dann auch DU!

Noch mehr als das Schaffende des Geistes zu bewundern, ist die
Kraft - die der Mensch dazu nutzt, sein Umfeld zu verändern.
Er macht sich seine Erde Untertan. Auf Kosten der
nachfolgenden Generationen.

Doch diese Tatsache ist den Verantwortlichen egal, denn wenn die Welt zusammenbricht, sitzen sie in ihren warmen Pools und genießen den Sonnenschein auf ihren einsamen Inseln.

Die einsamste Insel die der Mensch bewohnen kann, ist die Insel der Arroganz, des Hochmutes, der Eitelkeit und der Freudlosigkeit. Hier herrscht nur das furchtbare Los des Egos. Ist dann der Moment des Erwachens da, werden diese Menschen in der Einsamkeit sterben. Allein. Verlassen und ohne Liebe und Freunde. Doch diese Saat des einsamen Todes haben sie sich selbst gewählt und gesät.

Also Menschen – hier ist mein Aufruf an Euch!!!
Lebt die Liebe in eurem Herzen an jedem Tag eures Lebens.
Teilt was ihr habt und gebet mit Freude weiter.
Auch der scheinbar kleinste Teil Eurer Habe die ihr weitergebt, ist im Gitternetz der Liebe Jesu Christi eine gute Tat.
Wer wenig hat und dazu etwas bekommt, wird sich dieses unerwarteten Geschenkes lange erinnern. Immer wieder wird er sich der Großzügigkeit eines einzelnen Spenders erinnern.
Das beinhaltet Lebensfreude und Wohlstand im Herzen.

Dazu kommt die Gnade von oben, den einen fröhlichen Geber hat Gott lieb. Doch lassen wir den alten Mann auf seiner goldenden Bank seinen Ruhestand genießen.

Werden wir selbst als Mensch aktiv und unterstützen wir die Menschen in unserem Umfeld. So wie wir das können.
Immer mit der Maßgabe unser Leben selbst zu schützen und zu bewahren.

Glauben wir im Ernst, dass wir auf dieser Welt allein sind? Immer ist eine unsichtbare Macht mit uns. Es ist die Liebe unserer Mutter. Es ist die Liebe der Erde zu uns Menschen und es ist die Liebe die uns vor 2000 Jahren auf so eindringliche Weise gezeigt wurde.

Höchste Opfer bringen, um die große Sache ins Rollen zu bringen. Nicht der kleingläubige Schritt wurde da in die Wege geleitet. Sondern der ungeheure Weg der Sohn - Opferliebe.

Alles zu einem großen, ganzen, Lebensgefühl.
Ich weiß, dass mein Erlöser lebt. Der alte Choral hat es in sich.

Die verbale Offenbarung einer göttlichen Kraft die uns antreibt. Dazu kommen die Kräfte der Evolution die das Leben in uns dazu animiert, immer und immer wieder Leben und neue Arten hervorzubringen.
Noch ehe wir alle Arten kennen, müssen wir schon dafür sorgen, dass die bekannten Lebensformen nicht aussterben. Armer Wolf. Armer Auerochse. Armer, armer … Mensch?

Mensch? Auch DU vom Aussterben bedroht? JA!
Durch das eigensinnige Ausbeuten unserer Erde werden uns
selbst die Lebensgrundlagen entzogen. Dazu kommt das
Unverständnis der globalen Vernetzung. Wald weg in Brasilien –
keine Luft und Sauerstoff in Europa! Achtung Raffen und
Eitelkeit führt langfristig zum Erstickungstod. Auch der Millionär
ist von diesem Tod massiv bedroht.

Umkehr zu den alten Gedanken der LIEBE in der Herzenswärme,
gibt den Menschen eine Möglichkeit, sich die Erde neu zu
erobern. Farben neu zu sehen, bekannte Blumen neu zu riechen
und einen Traum zu verwirklichen.

Legen **SIE** sich auf eine grüne Wiese, lassen sie den Blick nach
oben in den blauen Himmel schweifen und werden sie sich ihres
eigenen LEBENS bewusst.

Aus diesem Bewusstwerden kann Ihnen dann - eine neue Kraft
des Handelns am Menschen und der Erde - einen neuen
Lebenssinn geben. Freude verbreiten, Liebe teilen, Frohsinn und
Kinderlachen nicht verachten sondern mit großem Tatendrang
fördern.

Ein Segensmensch der Menschheit werden.
Dazu wünsche ich Ihnen gutes Gelingen!

Nachwort

Großer, mentaler Geist wurde hier beschrieben und angepriesen. Vielleicht haben Sie gedacht, damit habe ich nichts am Hut oder gar zu tun.

Doch – mit ihrem gelebten Sein und der Weitergabe ihrer Liebe, haben sie den bösen Kräften die Macht genommen sich auf dieser, schönen Erde auszubreiten.

Die kleine Tat wird die Menschheit verändern.
Die kleine Geste und das kleine Lächeln, werden Menschen verändern und die Menschheit in ein neues Gefühl des
– **WIR SIND** – bringen.

Dies gilt dann nicht nur für Deutschland im Herzen Europas, sondern dieser Leitgedanke gilt dann für unsere gesamte Menschheit. Mit diesem Gedanken des Wohlergehens der ganzen Menschheit – wünsche ich Ihnen Allen – eine gesegnete Zeit auf dieser vom mentalen Geist erfüllten Erde.

Ihr

Donegel Smith